사연 없는 단어는 없다

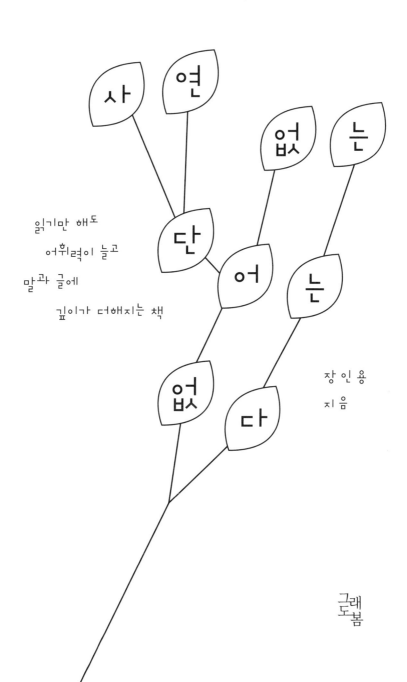

사 연

없 는

단

어

늘

없

다

읽기만 해도
어휘력이 늘고
말과 글에
깊이가 더해지는 책

장인용
지음

그래
도봄

추천의 글

한국어의 어원 탐구는 모래톱에 새겨진 발자국 주인을 찾는 일만큼이나 어렵다. 한글로 제대로 된 문헌자료를 남긴 지 채 200년이 안되다 보니 서양어에 비해 자료가 턱없이 부족하다. 의욕만 넘치는 사람들이 쓴 어원 책은 별다른 근거도 들지 않고 자신의 설익은 상상을 강요한다. 장인용의 《사연 없는 단어는 없다》는 다르다. '겸손한 추리'를 미덕으로 삼는다. 확실한 것은 분명하게 말하되, 불확실한 것은 추리만 하지 강요하지 않는다. '~가 아닐까 싶다, ~인 것 같다'는 표현으로 우리의 상상력을 자극하는 실마리를 줄 뿐이다. 이 책은 단순히 말의 문제에 머무르지 않고, 말에 얽히고설킨 역사와 문화, 풍물과 사회의식을 꼼꼼히 벗겨낸다. 사라져 없어진 말을 훈고학적으로 박제하는 것이 아니라, 지금 우리가 흔하게 쓰는 말에 새겨진 문명 교류와 혼종의 흔적을 제시하니 말에 온기가 돌고 읽는 재미가 쏠쏠하다. 이 책은 결국 '말은 어느 순간에도 짬뽕이 아닌 적이 없다'는 말을 하고 싶은 것이다.

김진해_경희대 교수, 《말끝이 당신이다》 저자

'참다운 지식은 개별 현상들에 대한 앎이 아니라 그들 사이의 관계에 대한 통찰에서 나온다'라는 명제에 충실한 글이다. '순수'라는 환상에 사로잡힌 언어민족주의를 뛰어넘어, 인문주의자가 갖추어야 할 가장 중요한 덕목인 '관계주의'로 무장하고 있다. 언어를 대하는 저자의 개방적 태도에 적극 공감한다. 한마디로 '발로 쓴 글'이다. 글쟁이의 필수 미덕인 '성실함'을 곳곳에서 느낄 수 있다. 주제를 대하는 태도는 더없이 진지하고, 탐구는 한없이 치밀하다. 성가신 잎사귀를 모두 떨어내고 잔가지를 고스란히 드러낸 겨울 나목 같은 문장들이다. 그래서 이 책은 통독하지 말고 천천히 읽어야 한다. 어떤 말의 정체가 궁금할 때마다 꺼내 들춰보며 밥알 하나하나 씹듯이 구절들을 곱씹어야 한다. 이 책이 다루고 있는 어휘의 방대함은 '사전'이라 불러도 손색이 없을 정도이다. 그러면서도 '읽는 재미'를 놓치지 않은 문장들이 같은 글쟁이로서 부럽기만 하다.

김철호_《언 다르고 어 다르다》 저자

재미있고 유익한 책이다. 말은 그 자체로 역사다. 유럽 언어에는 그리스어, 라틴어가 곳곳에 스며 있다. 그래서 이러한 옛 언어들을 알면 지금 쓰이는 낱말들의 의미가 분명하게 다가온다. 우리말도 다르지 않다. 한국어에는 한자어로 된 낱말들이 무척 많다. 이 책의 저자는 여기에 더해 우리말에 묻어 있는 중국어, 몽골어, 만주어, 거란어의 흔적을 맛깔스럽게 들춰낸다. 곳곳에 살아 있는 일본어의 자국들, 점점 우리 언어 습관에 진하게 파고드는 영어식 표현에 이르기까지, 책을 따라가다 보면 무심코 쓰던 말들의 사연이 흥미롭게 다가온다. 아울러 언어에 대한 감각이 한층 날카롭게 벼려지고 있음을 느끼게 된다. 어휘력 논란이 한창인 요즘이다. 우리말 실력이 걱정이라면 꼭 읽어보기 바란다.

안광복_중동고 철학교사, 철학박사, 《A4 한 장을 쓰는 힘》 저자

책을 펴내며

세상 모든 것에는 시작이 있다. 거대한 강도 작은 샘물에서 시작하고, 지금 이 글을 쓰고 있는 책상도 나뭇잎의 엽록소 광합성에서 시작되었을 터이다. 우리가 쓰는 말도 거슬러 올라가면 시작이 있을 것이다. 그렇지만 말의 시작을 호모 사피엔스가 태어났을 시점으로 앞당길 수는 없다. 그들이 어떤 말을 구사했는지 모르기 때문이다. 우리말의 원류도 고조선 시대로 거슬러 올라갈 수는 없다. 그들이 어떤 말을 했는지 기록이 전혀 남아 있지 않기 때문이다. 우리말 어원의 추적은 기껏해야 한글이 태어난 다음의 중세어 정도이고, 그 이전은 이두로 표기된 기록이 있을 때나 가능하다. 곧 어원을 탐구함이 우리말에서 왜 '집'이라 하고 '밥'이라 하는지를 설명하는 일은 아니라는 뜻이다. 그렇더라도 말의 변화는 느린 것 같지만 상당히 빠르기에 말이 어떻게 변화했나를 살펴보는 일은 재밌는 일이다.

말의 변화에는 우리가 겪어온 삶과 역사가 담겨 있다. 아마도 삼국 시대를 지나며 이 땅에 살던 사람들의 서로 다른 말들이 점차 어울리며 영향을 주고받았을 것이다. 더군다나 주변 강대국인 중국의 영향을 피할 수 없었고, 외래 종교로 유입된 불교의 영향도 우리말에 깊게 새겨졌다. 우리말을 기록할 수 있는 문자인 한글의 창제도 많은 영향을 끼쳤을 터이다. 또한 근대에 들어서는 일본의 영향을 무시할 수 없다. 일제강점기는 일본의 영향이 극대화된 시기였으며, 해방된 이후로는 미국의 문물과 영어가 물밀듯이 들어왔다.

여하튼 어원이란 말에 새겨진 과거의 흔적을 찾는 일이기에 옛날이야기 같은 재미가 있다. 재미뿐만 아니라 말에 관한 지식을 얻을 수 있기에 정확한 어휘 구사에도 도움이 된다. 이 책은 출판사에서 먼저 제안하여 쓰게 되었다. 나는 글을 다루고 쓰는 일을 평생 했고 또 어원에 관해 일상적인 관심은 있었으나 이를 깊게 파고든 적은 없었다. 과연 이런 글을 쓸 수 있을까 의심했고, 어원에 관한 책과 논문을 읽기 시작하면서 기존의 어원 책과 다른 글을 쓸 수 있을까를 고민했다. 결론은 기존의 어원학보다 범위를 넓게 다루면 나름의 개성 있는 어원 책을 쓸 수 있으리란 생각이 들었다. 그래서 이 책에는 다른 어원 책에서 다루지 않는 것들도 많다.

가령 예전에는 일본식 한자어를 순화하고자 노력할 때도 있었다. 이를테면 '단지(團地)'나 '고수부지(高水敷地)' 같은 용어는 일본식 한자어를 그대로 옮긴 것이니 다른 용어를 쓰자는 것이었다. 그런데 사실 한자어 유래를 따지면 일본식 한자어는 너무나 많기에 그 말을 제외하면 제대로 표현할 수 없었다. '경제'나 '사회' 같은, 일본이 번역한 한자어를 빼고 언어생활을 할 수 없는 것 아닌가. 그래서 어원의 범위를 보다 넓혀 근대 서구의 문명이 들어오면서 중국과 일본이 번역한 용어들도 함께 살펴보았다.

그것 말고도 필자가 중국어를 배우며 느낀 여러 한자어에서 유래한 말의 유래도 이 책에 포함했다. 특히 한자에서 유래한 부사어의 범위는 상당히 넓었으며, 어떤 경우는 옛 문자의 뜻에 의지해 풀어야 했다. 한자어 이외에도 우리 가까이 있는 나무, 물고기, 채소, 과일의 이름 유래에 얽힌 이야기도 일부 풀어냈다. 사실 이들은 한 가지 주제만으로도 책 한 권이 너끈할 정도로 나름의 우주가 있는데 충분히 이야기하지 못한 것 같아 조금 아쉽다.

이 밖에도 어원학에서 크게 관심을 두지 않던 지명이나 종교 유래 용어도 살펴보았고 동음이의어나 첩어도 다루었다. 이렇게 여러 분야를 다룬 것은 말에 숨어 있는 의미를 통해 우리말에 재미를 조금이라도 더 느꼈으면 하는 바람 때문이었다. 쓰는 말의 재미를 느낀다는 것은, 말을 친근하게 여기고 그에 따라 더욱 가까워지는 것이다. 그렇게 되면 글과 말이 더욱 재밌어지고 국어 실력은 저절로 따라올 것이다.

　이 글을 쓰는 동안 감사해야 할 사람이 많다. 무엇보다 국어학에서 별로 주목받지 못한 어원학을 갈고닦은 학자들이다. 그 작업이란 여러 문헌을 자세히 살피는 지난한 작업이었음에도 여러 결과물이 나와 있어 참고할 수 있었다. 또한 근대에 중국과 일본의 서구어 번역어들도 자세히 연구되어 책으로 나와 있다. 이런 학문적 기초 작업이 이루어져 있어서 비로소 우리말의 전모를 알 수 있었다. 또한 지명이나 종교 용어, 나무나 풀의 이름, 물고기 이름에 이르기까지 부문별로도 많은 작업이 이루어져 있어 큰 도움을 얻을 수 있었다. 이런 것들은 학문적 성과보다 취미를 넘어선 집요한 작업 끝에 나온 업적들이라 더욱 반가웠다. 마지막으로 이 책의 기본 구조를 만들고, 글을 쓰는 동안 첫 독자가 되어 방향을 잡아준 그래도봄 출판사에도 감사를 전한다.

2025년 2월

일산 고봉산 자락에서

장인용

차례

제1부 • 뜻이 바뀌어 새로이 쓰이는 말

제2부 • 뜻이 역전되는 말

제3부 • 유래를 알면 더 재밌는 말

제6부 • 공부가 쉬워지는 말

제7부 • 종교에서 유래한 말

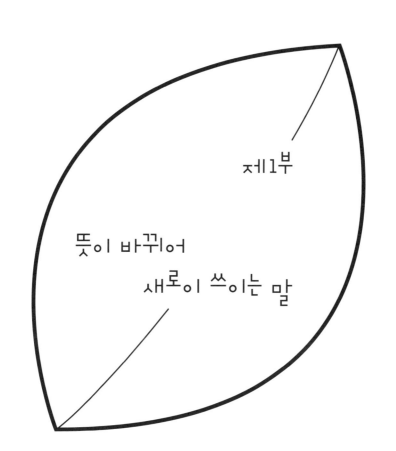

제1부

뜻이 바뀌어
새로이 쓰이는 말

옛날 경제와 요즘 경제

요즘의 자본주의 세상에서 우리가 가장 중요하게 여기고 자주 쓰는 단어는 '경제(經濟)'가 아닐까 생각한다. 예전에는 보통 '정치-사회-경제'의 순서였는데 요즘은 반대로 '경제-사회-정치'의 순서로 중요도가 바뀌었다는 생각이 들 정도이다. 국정의 최고 목표가 경제가 된 것은 이미 오랜 일이다. 그런데 이 '경제'의 말뜻은 무엇일까? 사전을 찾아보면 '인간의 생활에 필요한 재화나 용역을 생산·분배·소비하는 모든 활동'이라 되어 있다. '경제'에는 이런 장엄한 해석 말고도 '물자가 잘 돌아 경기(景氣)가 좋다'라는 뜻과 '절약'의 의미도 함께 들어 있다.

　그런데 '경제'의 한자를 살펴보면 이런 뜻이 저절로 와닿는 글자는 아닌 것 같다. 먼저 '경(經)'의 의미는 '날줄'을 뜻한다. 그러니까 실을 가지고 베틀에서 천을 짤 때 세로로 늘어져 있는 실을 말한다. 여기에 가로로 씨실을 넣어 천을 짜는데, 이 씨실은 한자로 '위(緯)'라 한다. 그래서 지구의 위치를 표시하는 세로선을 '경도(經度)'라 하고 가로선을 '위도(緯度)'라 하는 것이다. 사건의 전말을 보통 '경위(經緯)'라 하는데, '날줄과 씨줄처럼 짜인 경과'를 뜻하는 말이다. 동양에서 중요한 책은 '경서(經書)'라 한다. 이것도 '세상의 질서를 부여하는 날줄과 같은 책'이란 뜻이 담긴 용어이다. '시경(詩經)', '불경(佛經)', '성경(聖經)'의 '경'이 바로 그런 뜻으로 쓰였다.

두 번째 글자 '제(濟)'는 '건너다', '돕다'라는 뜻이다. 그러니 '경(經)'과 '제(濟)' 두 글자를 합치면 제대로 뜻이 이루어지지 않는다. 억지로 조합하자면 '질서를 세워 돕다'라는 정도의 뜻으로 풀이할 수 있을 것이다. 이렇게 한 단어 안에서 뜻이 맞지 않는 것은 줄인 말이기 때문이다. '경제'는 '세상을 잘 다스려 백성을 구하다'라는 뜻의 '경세제민(經世濟民)'을 두 글자로 줄인 말이다. 이는 유교(儒敎)의 말이고, 유교를 신봉하는 사대부들의 신조였다. 선비들이 학문을 하여 벼슬에 나선 것은 세상을 이렇게 자신들의 이념으로 다스리려고 하는 의도 때문이었다.

조선 후기 실학자인 홍만선이 쓴 《산림경제(山林經濟)》란 책이 있다. 이 책은 실학자답게 집을 짓고 농사짓고 살아가는 사람에게 필요한 모든 것을 망라한 내용이다. 건강을 유지하고, 꽃을 기르고, 누에를 치고, 가축을 기르며, 음식을 갈무리해서 저장하는 법까지 생활에 필요한 모든 지혜를 한데 모았다. 그런 책을 쓰면서 '산림경제'라 이름을 붙인 것은 제목에 쓰인 단어의 뜻이 지금과는 다름을 암시한다. 먼저 '산림'은 오늘날 '숲이 우거진 산'을 뜻하지만 이때는 일반적인 거주지를 뜻하는 말이었다. 거주지가 대개 산에 붙어 있었으며 집 앞에는 농토가 딸린 곳에 살았기 때문이다. 이 '산림'은 우리말 '살림'의 어원이기도 하다. 산림에서 살아가는 방법이 '살림'이 되었다.

그리고 '경제'는 본래 '세상을 올바르게 해서 백성을 구하다'라는 계몽적인 성격을 지닌 말이다. 홍만선은 무지한 백성을 올바르게 가르쳐서 세상을 잘 살게 하겠다는 뜻으로 이 책을 지었다. 그렇다면 '경제'는 왜 이렇게 뜻이 달라졌을까? 바로 일본인들이 서구의 용어를 옮기면서 '이코노미(Economy)'를 '경제'로 번역했기 때문이다. 그러면서 이 단어가 내포하던 전통적인 유교의 개념들은 없어지고, 서양 언어의 개념들만 남게 되었다. 세상이 바뀌면 말도 따라 바뀐다.

말을 시대에 따라 다른 뜻으로 쓰기 시작하면 금세 옛 뜻은 사라지고 만다.

그렇지만 서구의 용어를 번역한 번역자가 전혀 엉뚱하게 번역한 것은 아니다. 《산림경제》에 나오는 내용을 보면 한 가정 안에서 이루어져서 그렇지 전부 '생활에 필요한 재화나 용역을 생산·분배·소비하는 활동'이다. 규모가 작을 뿐이지 전혀 다른 내용은 아니다. 살림은 집에만 있는 것이 아니라 나라에도 있다. 살림을 집에서 마을로, 마을에서 지역으로, 지역에서 나라로, 나라에서 전 세계로 확대하면 요즘 쓰는 '경제'와 별다를 바 없는 셈이다. 이렇게 옛말도 먼지를 털어 탈바꿈시키면 새로운 뜻을 부여받고 새로운 말이 되어 널리 쓰이기도 한다. '옛것을 익혀 새로운 것을 아는' '온고지신(溫故知新)'의 법칙은 언어에도 그대로 적용된다.

사회와 종교 사이

'경제'가 옛날 뜻과 요즘 뜻이 다른 말이라면 비슷한 시기에 일본에서 만든 번역어인 '사회'는 옛날에는 아예 쓰인 적이 없던 신조어이다. '사회'는 영어 '소사이어티(Society)'의 번역어로 새로이 등장한 어휘이다. 그러나 지금은 누구에게나 친숙한 단어라서 아주 오래전부터 써왔으며 그 뜻도 잘 알고 있다고 생각한다. 오히려 "사회가 뭐냐"라고 물으면 너무 당연한 걸 묻는다고 여겨서 "그냥 사회잖아"라는 지청구를 들을 것이나 사실 대답하기 쉬운 개념은 아니다.

사전에서는 '사회'를 '같은 무리끼리 모여 이루는 집단'으로 정의한다. 곧 '사회'란 가족·마을·회사·종교·국가와 같은 모임을 말한다. 그런데 동양이라 해서 이런 단위가 없었던 것은 아니다. 집과 지역, 국가라는 큰 단위에서 세상을 바라본 유교에서는 당연히 이런 인간 집단을 의식하고 있었다. 다만 그런 모임을 통칭하는 개념어가 없었을 뿐이다.

그런데 개념어를 번역하는 일이 쉽지 않다. 영어의 '소사이어티'가 무슨 뜻인지는 알지만 그 개념을 옮겨놓을 재료가 한자밖에 없을 때 번역자는 고심하게 된다. 그리고 그 수많은 가능성 가운데에서 적합한 글자를 찾아 제대로 옮겨놓으면 비로소 그 단어는 날개를 얻어 하늘로 솟아오른다. '사회'란 단어도 그런 경우이다. 너무 완벽한 번역이 이루어져 이제는 너무 자연스러운 느낌이 든다.

'사회'의 '사(社)'는 종교적인 글자이다. 왼쪽의 '시(示)'는 '계시'를 뜻하고, 오른쪽은 원래 흙에 뿌리를 내린 나무인데 간단하게 줄이느라 나무가 없어지고 흙(土)만 남았다. 글자에 나무가 있는 경우 나무가 곧잘 자연신의 계시를 나타낸다고 생각한다. 예전에 커다란 나무는 신과 세상을 연결하는 매개자로 생각되었다. 그래서 지금도 동네에 있는 오래된 나무들을 수호신처럼 여기곤 한다. 이 '사'가 쓰이는 다른 예가 '사직(社稷)'이다. 종묘(宗廟)가 조상신에 제사를 올리는 곳이라면, 사직단은 자연신에 제사를 지내는 곳이다. '사직'의 '직(稷)'은 '곡식의 신'을 뜻한다. 그러니 '사(社)'는 본디 종교적인 글자이다.

그런데 어떻게 이것이 인간의 '무리'를 지칭하는 말로 쓰였을까? 그것은 과거에 지역은 대개 하나의 종교로 통일되었고, 사당이나 묘당이 지역의 종교적 구심점이 되었기 때문이다. 가령 마을의 커다란 나무를 마을 보호신으로 받들듯이, 자연신을 모시는 사당이 있으면 마을 사람들은 너나없이 거기서 치성을 드리고, 특별한 날에는 함께 모여 제사까지 지냈다. 지역의 종교가 하나의 사회 단위가 되는 셈이다.

그렇다면 '사회'의 '회(會)'는 무엇인가? 이 글자는 요즘도 '모임'이라는 뜻으로 쓰여서 모임 이름을 '○○회'라고 짓는 일이 흔하다. 이 '회'는 본래 야외에서 그릇에 먹을거리를 담고 그릇 하나는 그 위에 엎어 뚜껑을 씌우고 불을 피워 밥을 해 먹는 일을 뜻하는 글자였다. 즉, 여행이나 놀러 갔을 때의 취사를 의미했으므로 이때 지어진 밥은 혼자서 먹기보다는 여럿이 함께 먹었을 터이다. 그래서 '모임'이란 뜻이 더해졌다. 이처럼 두 글자의 결합으로 크고 작은 모임의 집단을 표시하는 단어를 만들어냈으니 절묘한 번역이라 하지 않을 수 없다.

그런데 이 두 글자의 결합으로 만들어진 또 다른 단어가 있다. 바로 '회사(會社)'이다. '회사'도 영어 '컴퍼니(Company)'를 번역한 용어이다. 이와 비슷한 개념으로 쓰던 '상회(商會)'

는 '컴퍼니'를 중국식으로 번역한 것으로 후일에 '상점'을 뜻
하는 말로 변했다. '회사'는 '사회'의 글자 순서만 뒤집어 조
합한 단어이다. 이것 역시 서양의 문물과 자본주의가 들어오
면서 새로 번역할 수밖에 없는 용어였다. 어떤 물건을 생산
하거나 판매하는 일을 혼자서 할 수 없으니 이렇게 번역했을
것이다. 서구어의 어원과 뜻도 살리고, 자본의 냄새도 풍겨
야 하는 번역은 쉽지 않았을 것이다.

'사회'를 거꾸로 하여 '회사'라 하면 이는 대충 '모여서 만
든 조직'이란 뜻이 되는 데다 앞 글자 '회'가 영어 '컴퍼니'
의 뜻과 잘 겹쳐진다. 물론 원래 상형의 의미까지 거슬러 올
라가지는 않았을 것이다. 하지만 '회(會)'의 연원이 '밥'이고,
밥벌이의 목적은 돈을 버는 일이니 그것까지 생각하면 기가
막힌 번역이 아닐 수 없다. 여하튼 '회사'라는 단어에 이르
러 '사'에서 종교적인 색채는 완전히 사라지고 '모임', 더 나
아가 '조직'이란 뜻으로 새롭게 태어났음을 알 수 있다. 글과
말은 이렇게 유장한 변화를 거쳐 새로운 시대에 새로운 말로
거듭 태어난다. 마치 생물의 진화 법칙이 여기에도 적용되는
듯하다.

'회사'란 번역어는 일본과 한국에서만 쓰고, 중국에서는

'공사(公司)'라고 쓴다. 이것은 다른 번역자가 다른 시기에 번역했기 때문인데, 번역한 주체에 따라 말의 느낌이 달라진다. 그저 지금 느끼기에는 '회사'는 자본주의에 가깝고 '공사'는 사회주의에 가까운 느낌이다.

아내, 마누라, 집사람, 부인

결혼한 남자가 자신의 배우자를 남에게 이야기하는 호칭은 차고 넘친다. 보통 부르는 호칭으로 '아내', '마누라', '집사람', '안사람', '내자', '처' 등등의 용어들이 있다. 여기에 공처가임을 나타내며 비공식적으로 쓰는 '느님', '그분' 등의 호칭도 있고, 이도 저도 아닌 중립적인 호칭을 쓴답시고 영어를 빌려 '와이프'라고 표현하기도 한다. 이렇게 자신의 배우자를 남에게 이야기하는 호칭이 많다는 것은 어떤 호칭도 절대적 우위를 지니지 못했다는 것이다. 물론 남 앞에서 자신과 가장 가까운 사람인 배우자를 높이는 것은 우리 예절에서 예의가 아니기 때문이기도 하다.

먼저 가장 공식적인 호칭으로 여겨지는 '아내'와 '마누라'부터 살펴보자. '아내'란 말의 유래에 대해서는 여러 설이 있지만 예전에 '안해'라고 썼던 걸로 봐서는 '집 안에 있는 사람'이란 뜻이 있는 것 같다. 여기서 '애(해)'가 무슨 뜻인가에 대해서도 '아이'를 뜻한다는 것과 안쪽 장소의 방향성을 뜻한다는 여러 해석이 있다. '아내'가 멸칭이라는 견해는 맞지 않는 것 같다. 왜냐하면 조선의 유교적·가부장적 세계관이 지배하던 시기는 조선왕조 후반부 250년 정도였다. 그 이전에는 오히려 데릴사위가 보편적이었을 만큼 여자나 처가의 권리도 상당했던 사실을 생각하면 그 이전부터 여성을 비하하는 표현을 쓰지는 않았을 것 같다. 다만 농경 사회에서 남자는 주로 힘을 쓰는 바깥일을, 여자는 집안일을 담당했던 까닭에 생긴 용어가 아닐까 한다. 남성 배우자를 두고 '바깥사람' 혹은 '바깥양반'이라고 하지 않는가.

어감상 별로 존칭 같아 보이지 않는 '마누라'는 어원을 따지고 올라가면 '마노라'에서 유래했는데, 이는 왕이나 왕비 같은 왕족에게 쓰던 존칭어라고 한다. 그러니 존칭어 가운데 극존칭이고, 남녀를 가리지 않고 쓰던 것이 어쩌다 여성 배우자를 지칭하는 말이 되었다는 것이다. 사극에서 자주 듣게 되는 '마마'나 '마님'을 떠올리면 '마'로 시작하는 '마노라'라는 말이 존칭이었다는 사실이 수긍된다. 다만 그런 극존칭이 어떻게 일반적인 여성 배우자를 지칭하게 되었는가에 대해서는 용례가 드물기에 여전히 의문으로 남아 있다. 좋은 말과 음식은 아래로 퍼지는 법이다.

'집사람'과 '안사람'이란 호칭은 '아내'란 호칭과 뜻이나 쓰임에서 별로 다르지 않다. 그렇지만 이 용어에도 예전부터 폄훼하는 뜻이 담겨 있었는지는 명확하지 않다. 여성의 사회 참여가 활발한 지금을 기준으로 보면 낮추는 뜻이 담긴 듯도 싶지만, 농경 사회의 기준으로 보면 차별이 아닌 역할의 구분이라 볼 수도 있다.

그렇다면 남들이 아내를 높여 부를 때 쓰는 '부인'에 대해 생각해보자. 사전을 찾아보면 여성을 가리키는 '부인'은 두 가지 한자어가 있다. 하나는 '부인(夫人)'이고 다른 하나는 '부인(婦人)'이다. 존칭어로 쓰이는 '부인'은 앞의 것이고, 뒤의 것은 그냥 '결혼한 여자'를 뜻한다. '부인(夫人)'은 본디 임금이나 제후의 배우자를 뜻한다. '부(夫)' 자체가 관을 쓰고 큰 비녀를 꽂은 지위가 있는 사람을 가리킨다. 즉, '부인(夫人)'은 그런 높은 남자의 사람이라는 뜻이다. 그러니 여자를 절대 주체적으로 보는 관점의 말은 아니다. '부인(夫人)'은 존칭이기는 하지만 남자 덕에 높임을 받는 사람이다.

한편 '부인(婦人)'은 사전에서 그저 며느리, 결혼한 여자를 이르는 글자라 풀이하고 있지만 이 글자가 처음에 가졌던 뜻은 대단했다. 중국 고대에는 제사에 대한 권리가 중요했는데, 그 제사권이 모계를 통해 전수되기도 했다. '부(婦)'에서 오른쪽에 자리한 '추(帚)'가 빗자루라 하여 청소하는 사람으로 폄훼하기도 하는데, 이 빗자루는 바닥을 쓰는 도구가 아니라 제사 지내는 곳의 정령들을 다스려 정갈하게 하는 하늘을 향한 빗자루이다. 이 빗자루를 지닌 사람은 제사하는 곳을 관리하는 권리를 지니며, 이 권리를 지닌 여자와 결혼한 사람이 왕이 되었다. '부부(夫婦)'는 그야말로 왕과 왕비인 셈이다.

그러나 이처럼 무시무시한 권력을 지닌 여자를 뜻했던 글자도 이제는 그저 결혼한 여자 '여편네' 정도의 뜻으로 추락하고 말았다. 사실 '부인(夫人)'보다 '부인(婦人)'이 주체적이고 존엄한 단어인데 말이다. 그러나 다른 한편으로 생각하면 말이란 쓰는 사람의 진심이 있어야 존귀해지는 법이다. '아가씨'나 '언니'처럼 더 대접해준다고 쓰는 말이 오히려 그 의미가 참혹하게 바닥으로 떨어졌듯이, 입으로 하는 형식적인 존대는 하지 않은 것보다 못하다. 그러니 '마누라'라는 표현도 진심이 담겼으면 그리 나쁜 표현은 아닐 것 같다.

아버지-아저씨, 어머니-아주머니

예전에는 아버지를 '아빠'라 부르면 야단치는 어른이 간혹 있었다. 그 이유는 '아빠'가 요릿집에서 손님을 부르는 호칭이라서 그랬다. 요즘이라면 손님을 '아빠'라 부르면 노발대발할 것이기에 이렇게 부르지는 않지만 젊다고 해서 '오빠'라 불러주면 좋아할 터이다. 여하튼 예전에는 나이 든 이를 어른 대접 해줘야 좋아했지만 이제는 젊고 건강하게 봐주기를 바란다. '아빠'는 '아버지'의 유아어이지만 요새 아이들은 '아버지'라 부르기보다 '아빠'라 더 많이 부르고, 아버지들도 '아빠'에 더 익숙하다. 마찬가지로 '어머니'는 점차 줄어들고 '엄마'가 대세이다.

　'아버지'는 고려나 조선 시대 중세어로는 '아비' 또는 '아바'이다. 대체로 몽골어나 튀르키예어에서도 아버지를 일컫는 말이 이와 비슷한 음이니 아마도 같은 계통으로 이어져 오는 단어라 짐작한다. 여기에 붙은 '지'는 사람을 나타내는 접미사로 보고 있다. '아빠'라는 유아어가 나타난 것은 앞서 이야기한 것처럼 먼저 가정에서 만들어진 것이 아니라 20세기 중엽에 특정 장소에서 아버지뻘 되는 사람을 부르는 애칭으로 만들어진 것이다. 그것이 다시 20세기 후반이 되어 가정의 유아어가 되었고, 이제는 전체적인 활용도에서 '아버지'를 능가하는 듯싶다.

대체로 아버지보다 나이가 적은 남자를 부르던 말인 '아저씨'는 원래 '아자비'에서 나온 말이다. 지금도 방언에서 '아재비' 또는 '아재'란 말이 쓰인다. 이 말들의 '앚'은 '작은'이란 뜻이고 거기에 '아비'가 붙어 '숙부(叔父)'를 뜻하던 것이 19세기부터 '아자씨', '아저씨'로 바뀌면서 친족 관계를 넘어서 일반적인 남성 어른을 지칭하는 말로 변했다.

형제자매 가운데 아니 어린 여자 동생이 저보다 나이 많은 남자를 부르는 호칭은 '오라비'이다. '오라비'는 직계뿐 아니라 사촌이나 육촌 간에도 널리 쓰이는 용어이다. '오라비'는 '올'과 '아비'가 결합한 것이다. 여기서 '올'은 '올벼', '올보리'처럼 '덜 여문 것'을 뜻하는 말이니 '아직 아버지는 못 되고 덜 여물다'라는 뜻에서 '오라비'가 된 것이고, '오라비'는 '아비'가 '아버지'가 되듯이 '오라버니'가 되었다. 하지만 요즘 '아빠'가 전성시대인 것처럼 '오라비'와 '오라버니'는 애칭인 '오빠'에 밀려 점차 죽은 호칭이 되어가고 있다.

'어머니' 또한 '아버지'와 마찬가지로 '어미'에서 나온 것으로 만주어나 몽골어에서 어머니를 일컫는 호칭과 음이 비슷한 것으로 미루어 동북아의 같은 연원을 가진 말인 듯하다. '어머니'의 어근 '엄'은 '어금니'나 '엄지'처럼 크고 근원적인 것을 지칭한다. '어머니'의 유아어인 '엄마'는 이 '엄'에 호격 조사인 '아'가 덧붙은 것으로 '철수야', '영희야'의 '야'와 같다. '엄마'가 '아빠'처럼 근래에 생긴 유아어가 아니라 그보다 훨씬 전부터 익숙하게 쓰였다는 것은 아이한테는 아버지보다 '엄마'가 훨씬 친근하다는 뜻이다. '어머니'를 다른 말로 '지어미'라 부르기도 하는데, 이는 '집'에 '어미'를 더한 형태이다. 이제는 이 말이 더 이상 쓰이지 않는 것은 이미 시대 상황이 변했기 때문이다.

'아저씨'와 대척점에 있는 여자의 호칭으로 '아주머니'와 '아줌마'가 있다. '아주머니'의 중세어는 '아즈미'로 '작은'을 뜻하는 '앚'과 '어미'가 결합하여 '작은어머니'란 뜻을 이룬 것이다. 이것이 '아주머니'가 된 것은 '어머니'의 '머니'를 빌려와 비슷하게 만든 것이고, '아줌마'는 '엄마'의 '마'를 붙여 유아어 또는 낮춤말이 된 것이다. 그러다 '아저씨'처럼 여성 어른을 지칭하는 말로 바뀐 것이다.

'아주머니'와 아주 비슷한 호칭으로 '아주버니'가 있다. 'ㅁ'과 'ㅂ'의 음소 차이를 논리적으로 따지자면 '아주버니'는 '아저씨'라는 의미로 쓰여야 맞는 것 같지만 아내가 남편의 형을 부르는 호칭으로 쓰인다. '아주버니'는 '앚'과 '아비'가 결합한 것으로 말의 생성 과정을 보면 '아저씨'나 다름없다. 결국 집안에서 두 번째 서열의 남자를 지칭하는 말이다. 그런데 하나는 청년에서 중년을 아우르는 남자를 지칭하고, 다른 하나는 고작 집안의 '시숙(媤叔)'을 일컫는 호칭이 되었으니 말의 운명도 오묘하다.

형, 언니, 누나, 동생, 동기

음식점에 가면 서비스하는 여성분들을 '언니'라고 부르는 사람들이 있다. 또는 젊은 사람들은 나이 든 아주머니에게 곧잘 '이모'라고 호칭한다. 존칭도 비칭도 아닌 호칭을 친족 용어에서 빌려 쓰는 것이다. 남자들이라면 밖에서 처음 보는 여성에게 '아줌마', '아가씨'라 불렀다가는 봉변당할 각오를 해야 한다. 젊은 여자가 중년의 남자 손님에게 '아버님'이라 했다가 삿대질을 당할 수도 있다. 요즘 호칭으로 곤혹스러운 경우를 자주 겪는다. 그리고 이 호칭에는 친족 사이에서 쓰던 용어들이 어느새 파고들었다. 젊은 새댁들이 남편을 '오빠'라 부르는 경우처럼.

가족 관계에서 형제와 자매가 서로 호칭하는 여러 단어가 있다. 이 중에는 한자어에서 온 것들도 있고, 토박이말에서 유래한 것도 있다. '형'과 '동생'은 한자 표기인데 짝이 맞지 않는다. 한자 표기라면 '형(兄)'에 대응하는 글자는 '제(弟)'라 표기해야 하는데, 본디 위아래 서열의 표시가 없는 '동생(同生)'이란 말로 어물쩍한다. '동생'이란 말은 부모 아래에서 태어난 모두를 뜻하고 남녀 구분도 되지 않으니 궁색하게 앞에 '남', '여'를 덧붙여야 한다.

한자의 뜻으로 보면 '동생'과 마찬가지인 단어로 '동기(同氣)'란 말도 있다. 한 부모 밑의 아이들을 통틀어 이르는 말이다. 예전에 어른들이 "동기간에 화목해야 해"라고 자주 했는데, 요즘은 그다지 많이 쓰이지 않는다. 학교나 직장에서 '같은 기수'를 뜻하는 '동기(同期)'란 말은 자주 쓰이나 한자는 다르다. '기(氣)'라는 글자가 '밥 지을 때 모락모락 피어나는 수증기'를 뜻하기도 하니, 한솥밥을 먹는 형제자매를 뜻하는 말로 적당하기는 하다.

물론 '남동생'을 뜻하는 말로 '아우'란 말이 있기는 하다. '아우'는 친형제 사이에만 쓰는 말은 아니다. 나이 지긋한 아주머니들이 나이가 조금 적은 사람을 '아우'라고 부르기도 한다. 그런 것을 보면 이 말이 꼭 친형제 사이에서 쓰는 말은 아닐 수 있다. 그러나 '아우'는 요즘 꽤 나이 든 사람들만 쓰고 있으니 점차 죽은 말이 되어가는 중이다.

'동생'이란 말에 성별을 붙여 '여동생'이라 부르기도 하지

만 이와 비슷한 말로 '누이동생'이란 표현도 있다. '동생'만
으로는 남녀가 구분되지 않으니 '누이'를 덧붙인 것이다. '누
이'를 손위와 손아래로 나누는 것을 보면 누이는 위아래 모
두 쓰이는 말이다. 손위 누이를 부를 때는 '누나'라고 한다.
그러나 '누나'란 말도 본디 위아래를 다 지칭했다고 한다. 그
러니까 오빠가 손아래 여동생에게 '누나'라고 불렀다는 말이
다. 지금은 사전에 '누나'는 '남자가 손위 누이를 부를 때 쓰
는 말'이라고 명시되어 있다.

'언니'는 여자 형제들 사이에서 손위를 부를 때 쓴다. 그러
나 '아우'와 마찬가지로 여자들 사이에서는 가족이 아니라도
손위의 호칭으로 쓰인다. 그러나 이 '언니'라는 호칭이 꼭 여
성만을 지칭했던 것은 아니라고 한다. 손위의 남자도 '언니'
라 불렀다는 것이다. 그러던 것이 남자는 '형'으로, 여자는
'언니'로 분화되어 쏠리게 된 것이다.

남자 동기를 일컫는 호칭 가운데 '형'이란 한자어는 살아
남았지만 아우를 뜻하는 '제(弟)'는 살아남지 못하고 '남동생'
으로 귀착되었다. 다만 '제(弟)'는 '동생의 아내'를 부르는 호
칭인 '제수(弟嫂)'와 '사내 동기'를 뭉뚱그린 '형제'란 말에 살
아남았다. 여자들 동기를 일컫는 단어로 '자매(姉妹)'가 쓰이

지만 호칭으로는 '언니'와 '여동생'만 남았다.

이제는 형제자매가 여럿인 경우도 많지 않으니 점점 동기들 사이의 호칭도 희박해져간다. '형', '누나', '언니' 정도 이외에는 이름을 부르며 남들에게 이야기할 때만 '동생'이라 하는 정도이다. 더군다나 외동들은 동기들을 부르거나 남에게 소개할 경우조차 없다.

가족 동기들 사이의 호칭은 가정을 넘어 사회로 이전된다. 가령 집에서 쓰던 '형'이라는 호칭을 학교에서 만난 선배에게도 적용한다. 예전에는 여학생들이 선배 남학생을 '형'이라 불렀던 시절도 있었다. 그것은 가정 바깥의 사회에서 남녀 차별을 느끼지 않기 위한 호칭이었을 수 있다. 요즘은 사회적 약자와 힘든 일을 하는 직업을 배려하는 호칭을 많이 쓴다. 그런데 그런 호칭이 되돌아 천한 호칭으로 전락하는 경우가 많다. 양반 집안의 규수를 부르던 '아가씨'란 호칭의 경우가 대표적이다. 그러나 음식점에서 서비스하는 분들에게 '언니', '이모'라고 부르는 게 좋아 보이지는 않는다.

서방, 도령, 올케

여자든 남자든 혼인하게 되면 상대 가족이 관계 안에 들어오게 되고 따라서 부르는 호칭도 늘어난다. 처음에는 익숙하지 않은 호칭들이 어색하기 마련이다. 남자는 처가에 가면 장인과 장모는 말할 것도 없고 이 사람 저 사람에게 '서방'이란 호칭을 듣는다. 거기에 성씨가 붙지 않았다면 아마 자신을 부르는 소리인 줄도 모를 것이다. 여자 또한 '새아기'나 '새댁'이 되어 아기처럼 방긋 웃고 다니는 일에 어리둥절할 수도 있다. 남편에게 아직 장가가지 않은 남동생이 있다면 '도련님'이라 불러야 하는데, 이 소리가 잘 나오지 않는다. 또는 오빠나 남동생이 결혼하면 여동생이나 누나는 오빠나 남동생의 부인을 '올케'라 부르는데, 이것 역시 익숙한 말은 아니다. 그런데 이 호칭들은 다 어디서 온 것일까?

남자가 혼인 후 처가에 가면 장인과 장모가 '서방'이라 부른다. 어떨 때는 아내까지 이 말에 전염되어 남에게 남편을

지칭할 때 '서방'이라 부른다. 그뿐인가? 인척 관계가 없는
남들도 여자 쪽 관점에서 '그 여자의 서방'과 같이 이 용어를
쓴다. 국어사전을 찾아보면 '書房'이라는 한자가 적혀 있어
한자에서 유래한 단어인가 싶기도 하다. 여하튼 우리는 데릴
사위가 기본적인 풍습이었으니 사위를 데려다 글공부하게
하려고 '서방'을 마련해주었나 하는 생각이 들기도 한다.

　하지만 '서방'은 '새로'라는 뜻의 '새'와 사람을 칭하는 '뱅
이'가 합쳐진 '새뱅이'에서 왔다고 추측하기도 하고, '수컷'
이란 뜻의 '산'과 '방'이 합쳐진 것이라는 의견도 있다. 또한
예전에는 신랑 방을 서쪽에다 두었기에 '서쪽 방'이란 뜻에
서 '서방(西房)'이라 불렀다는 해석도 있다. 이렇게 해석이 분
분한 것은 유래를 잘 모른다는 것이지만 이 모두가 데릴사위
를 처가에서 부르는 이름이었다는 점만은 분명하다.

　'도련님'은 '도령'에서 나온 말이다. '도령'은 《춘향전》에
서 이몽룡을 '이 도령'으로 부르듯 '아직 장가를 가지 않은
총각을 높이는 말'이다. 그러니 '도련님'은 높이는 말에다 다
시 높임의 뜻을 지닌 접사 '님'을 붙여 이중 존대를 한 말이
다. 사전에 '도령'은 한자를 빌려 '道令'으로 적는다고 했지
만 '길 도(道)'와 '명령 령(令)'의 조합은 그저 맞지 않는 뜻의

글자를 음만 맞춘 것처럼 보인다.

그렇다면 '도령'은 어디서 온 말인가? 불교가 국교이던 시절에 명문 호족의 자제 중에는 절에 들어가 승려가 된 이도 있었다. 그때는 귀족 사회였기에 승려가 되었어도 본래 신분에 맞는 대우는 해줘야 했다. 그래서 이들을 '도려(闍黎)'라 불렀다 한다. '도려'는 산스크리트어의 '아카랴(Acarya)'를 한문으로 음역한 말 '아도려(阿闍黎)'에서 '아'가 빠진 것이다. 다른 음역도 있어 '도리(闍利)'라는 표현도 있다. 이 말들은 덕이 높은 '고승(高僧)'이란 뜻이다. 명문가 자제가 절에서 고생하니 말도 안 되지만 존칭으로 부르던 말이 '도령'으로 변했고, 훗날 이들 승려처럼 장가가지 않은 총각을 높이는 말로 쓰이게 된 것이다. '도려 - 도령 - 도련님'으로 말의 형태가 변화함에 따라 '고귀한 승려 - 명문가 총각 - 시동생'으로 그 뜻이 변화한 역정이 재미있다.

'올케'란 말은 자주 쓰이는 말이지만 어감으로는 우리말 같지 않고 만주어나 몽골어에서 온 것이 아닌가 하는 느낌이 든다. 아마 그 원인은 '오랑캐'라는 말 때문일 것이다. 이는 본디 몽골어에서 유래한 말로 두만강 유역에 살던 여진족을 이르는 말이었다가 우리와 다른 이민족을 통칭하는 말로 쓰였다. '오랑캐'와 음이 비슷하니 '올케'가 어감으로는 우리말이 아닌 것 같은 느낌이 드는 것이다.

그러나 '올케'는 엄연한 우리말이다. '올케'의 '올'은 '오라비'가 '케'는 '겨집(계집)'이 축약된 것으로 결국 '오라비의 계집'이란 뜻이다. '올'은 본래 '미숙한'이란 뜻이니 '올케'는 '갓 시집와서 미숙한 여자'라 할 수 있다. 다 큰 성인더러 왜 미숙하다 하느냐 할 수 있겠지만 시어머니에 비하면 그렇다는 이야기이다. 오늘날 친족 관계는 대가족에서 핵가족으로 자꾸 좁아지고 형제도 많지 않아 하나만 낳거나 아예 자식을 낳지 않는 것이 오히려 자연스럽기까지 하다. 그런 세태에서도 '서방'이란 호칭은 여전히 지속되겠지만 '도련님'이나 '올케' 같은 호칭들은 얼마나 더 오래 유지될지 모르겠다. 하지만 잘 쓰이지는 않아도 필요한 말인 것은 분명하다.

깡통과 깡패

'깡통'이란 낱말을 보면 우리의 새로운 말을 조어하는 능력이 새삼 놀랍다. '깡'은 영어의 '캔(Can)'에서 온 것으로 '양철로 만든 통'을 지칭하는 낱말이다. '통(筒)'은 '대나무의 한 마디'로 그릇으로 쓰거나 물건을 담을 수 있는 그릇이다. 한자에 또 다른 '통(桶)'이 있는데 이것은 태생이 다른 글자이다. '통(桶)'은 원래 물건을 담아 운반하는 용도나 우물에서 두레박 용도로 쓰던 물건을 지칭하는 글자였다. 이 물건을 보통 나무로 짜서 만들었기에 '나무 목(木)'이 앞에 붙었다. 우리가 '목욕통', '철밥통' 할 때 쓰는 글자는 바로 이 '통(桶)'이다. 한편 '통(筒)'은 대나무 마디라서 길쭉하고 날렵하다. 요즘 통조림 외양과 딱 맞는 모습이다.

통조림은 근대 전쟁의 산물이다. 19세기 초 군인의 전투 식량으로 병조림이 먼저 등장했고, 산화하지 않는 주석 도금 철판이 개발된 후에야 금속제 통조림이 개발되었다. 그것의

영어 이름인 '캔(Can)'이 일본의 '간즈메(かんづめ)'란 용어를 통해 우리나라에 들어왔다. '간'으로 음을 취한 일본어에 경음을 더하고, 그것만으로는 이 새로운 발명품의 외양을 전부 전달하기 어려워 '죽통'을 뜻하는 '통'을 덧붙였다. 이것으로 이 신문물은 완전하게 우리말로 번역된 셈이다.

그런데 그 내용물을 먹고 난 뒤의 빈 통 또한 쓸모가 있었다. 두들기면 북처럼 소리가 나고, 그릇 구하기 힘든 거지들이 동냥 얻으러 갈 때 쓰고, 무겁지 않아 쥐불놀이용 통으로도 적격이었다. 그래서 '요란한 빈 깡통 소리'나 '깡통 차다'와 같은 용어들이 생겨났으며, 요즘엔 '깡통 계좌'와 '깡통 전세' 같은 신조어들이 나타났다. 여기서 '깡통'은 '수레'나 '쪽박'을 대체한 것 같은데, 이전 것에 비해 의미가 더 강해지고 헐벗은 느낌을 준다. '머릿속이 비었다' 할 때도 '깡통'이란 표현이 최상급의 비칭으로 쓰이는 것 같다. 어쨌거나 이제 '깡통'은 채워진 것보다 빈 것의 상징이 된 셈이다.

똑같은 '깡'으로 시작하는 말이지만 외래어의 어원은 다른 '깡패'라는 말도 있다. 여기의 '깡'은 '갱(Gang)'에서 나왔다. 이것은 아마 일본어의 취음인 '걍그(ギャング)'가 우리말에 들어와 경음화를 거치면서 '깡'이 되는 과정을 겪은 것으

로 추측한다. 아마도 '깡패' 이전에 '깡'이 먼저였지 않을까 싶다. '깡이 세다'란 말은 어릴 때부터 자주 듣던 단어였다. 여기에다 '명찰', '간판'을 뜻하는 '패(牌)'를 덧붙였는데, 한자 사전에도 '깡패'의 '패'에 사용된 '패거리'란 뜻이 '명찰', '간판'의 뜻과 무슨 연관을 지니는지 명확하게 드러나지 않는다. 이를테면 나쁜 짓을 하는 사람들이 명찰을 달고 하지는 않았을 터이니 말이다.

그런데 한자 사전에 보면 '패'의 의미로 '부신(符信)'이나 '부절(符節)'이란 표현이 나온다. 가령 고구려를 세운 주몽은 임신한 부인을 두고 부여를 떠나기 전 자신의 칼을 부러뜨려 그 반쪽을 부인에게 남긴다. 아비 없이 태어난 주몽의 아들은 이후 어머니가 물려준 부러진 칼 반쪽을 가지고 남쪽으로 내려가 주몽의 칼과 맞추어서 자신이 주몽의 자식임을 확인한다. 이 '부러진 칼'이 바로 '부절'이다. '부신'은 비밀결사 구성원이 서로 신원을 모르는 상황에서 동일한 비밀결사 구성원임을 확인할 수 있게 나뭇조각에 글씨를 쓰고 이를 서로 맞춰보도록 한 것이다. 패를 지니고 있으면 일종의 비밀결사라 할 수 있고, 부신을 지닌 사람들은 한 패거리라 부를 수 있는 셈이다.

그렇지만 '깡'이나 '깡패'라는 말이 점잖지 못한 느낌을 주는 것은 확실하다. 체면을 차릴 자리에서라면 '깡이 세다'나 '깡패'란 말을 잘 쓰지 않는다. '깡이 세다'는 순화의 대상이라 여겨져 '담력이 세다' 같은 말로 대체되고, 언론에서는 '깡패'란 말 대신에 '폭력배'란 용어를 주로 쓴다. '놈'과 '자(者)'의 경우처럼 우리말을 천한 말로 여기고 한자어는 비교적 격식을 갖춘 말로 여기는데, '깡'이나 '깡패'의 경우는 외래어를 더 아래로 보는 느낌이다.

여하튼 '깡통'과 '깡패'처럼 일본어의 영향을 받은 외래어와 한자의 결합이라는 특이한 조어법은 이제 더 나오기 힘들지 않을까 한다. 우선 외래어를 일본 발음으로 수입하는 일이 없다. 그리고 그보다 '통'과 '패'처럼 적절한 한자어를 덧붙이는 일이 쉽지 않아졌다. 일반인들의 한자 감수성이 많이 떨어졌기에 혹여 한자를 덧붙이더라도 수용하기가 전처럼 쉽지 않겠다. 지금은 오히려 초등학생과 청소년의 한자 실력이 좋은 경우가 흔하다. 그러나 그들도 예전처럼 신문과 책에 한자를 섞어 쓰던 그런 세대는 아니다.

과거, 현재, 미래

우리말은 시간 개념이 뚜렷하지 않다는 말이 있다. 가령 시
제에서도 과거의 일을 현재형으로 표현하기도 한다. 하지만
그것은 서구어와 비교했을 때 상대적으로 그렇다는 이야기
이지 우리말에 시제가 없는 것은 아니다. 다만 문장의 앞에
서 과거의 일이라는 시제를 표기했으면 현재형으로 표현해
도 과거로 이해한다. 오히려 이런 표현이 과거의 일을 지금
의 일처럼 핍진하게 하는 효과가 있을 수 있다.

  또 우리말의 시간 개념을 이야기할 때 '과거', '현재', '미
래'에 해당하는 토박이말이 없음을 근거로 우리말에 시간에
대한 개념이 없었다고 말하기도 한다. 그렇지만 '과거'도 '지
난날'이라 하면 되고, '미래'도 '올 날'이라 하면 안 되는 것
은 아니다. 다만 한자가 익숙해서 편리했기에 토박이말을 잠
식하지 않나 생각한다. 말이 생각을 지배하는 면도 있겠지
만 이미 굳어진 표현법에서도 시제를 구분하기가 그리 어렵

지는 않다. 그러니 시제가 분명치 않고 토박이말이 없다고 해서 시간 개념까지 없다는 것은 말도 안 된다.

'과거'는 한자로 '지날 과(過)'와 '갈 거(去)'를 쓴다. '과(過)'는 본디 '시간적 흐름'을 뜻하는 것이 아니라 '물을 건너는 일'을 뜻했다. 그 옛날 물을 건너는 것은 쉽지 않았다. 더구나 중무장을 한 군대라면 더욱 그랬다. 물을 한 번 건너서 적과 싸우면 이기기 전에는 쉽게 다시 건너올 수 없다. 그렇기에 공간적인 이동이 결국은 돌이킬 수 없는 시간적인 이동이 되는 셈이다. '거(去)' 역시 공간적인 이동이다. 그러나 이동에는 시간과 방향성이 포함된다. 그래서 '올 래(來)'는 앞으로의 일이 되는 것이다. 그리고 보면 우리말의 '지난날'이 더욱 시간적 편향이 강조된 말이다.

'나타날 현(現)'과 '있을 재(在)'가 결합한 '현재'란 어휘 역시 공간과 시각이 우선인 말로 '존재가 나타나다'라는 뜻이었다. 지금은 '바로 이때'라는 시점을 명시하는 말로 쓴다. '현재'와 같은 용도로 쓰이는 '지금'과 '시방'이란 어휘도 있다. 이 둘 또한 한자어이다. '다만 지(只)'와 '이제 금(今)'이 합쳐진 '지금'이나 '때 시(時)'와 '모 방(方)'이 합쳐진 '시방'은 '현재'란 어휘보다 훨씬 '바로 이때'라는 시간 개념을 표현하기에 적합하다. 이 세 어휘는 또 시간에 따라 사용하는 빈도가 변한 것 같다. 큰 흐름으로 보면 가장 이른 것이 '시방'이고, 그다음이 '지금', 마지막이 '현재'의 순서인 듯하다.

'시방'을 지역의 방언으로 여기기도 하는데, 국어사전에 올라 있는 엄연한 표준어이고 널리 쓰이는 말이다. 이 어휘를 방언이라 생각하는 것은 지역에서 더 오래 살아남았기 때문이다. '지금'이 입말에서 쓰인 것이 언제부터인지 또 어떻게 쓰인 것인지는 분명치 않다. 대체로 일제강점기에 사용이 늘어났다면 일본어 '타다이마(只今)'의 영향일 수 있다. 그렇지만 '지금'은 입말로 쓰이면서 책과 글로도 옮겨져 빠른 시간에 '시방'을 대체했다. '현재'가 자주 쓰이게 된 것도 일본어의 영향인 듯한데 지금은 일본과 중국, 그리고 우리나라에서 '바로 이때'를 지칭하는 말로 가장 많이 쓰이고 있다. 말이란 것은 그 어원이나 본래 뜻보다 말하는 사람들이 빨리 받아들이고 얼마나 자주 쓰는가가 관건이다. 나중에 어떻게 변할지는 몰라도 아직까지는 '현재'가 승리한 것 같다.

'미래'는 '올 때', '올 날'을 뜻하는 한자어로 두 글자를 합치면 '아직 오지 않은 것'이란 뜻이다. '아닐 미(未)'는 나무에 '아직 생기지 않은 가지'를 하나 더 그려 넣고 '오지 않음'을 표기한 것을 상형한 글자이다. '올 래(來)'는 곡식의 이삭이 패어 있는 상태를 표시하여 앞으로 추수를 기대하는 의미를 담은 글자이다. '시간'보다는 '나타나지 않은 현상'이 어휘의 본뜻이었지만 내세를 추구하는 불교의 영향을 받은 뒤로 점차 '오지 않은 시간'을 나타내는 말이 되었다.

어쨌거나 '과거', '현재', '미래'는 어떤 변화의 역정을 겪었을지라도 한자 문화권인 우리나라와 중국, 일본에서는 모두 같은 뜻으로 쓰이는 단어이다. 이것을 가지고 토박이말이 있느니 없느니 따지고 그것과 우리의 사고를 연계하는 것은 큰 의미가 없다고 본다. 또한 이들 시제를 나타내는 어휘는 과거에는 그 뜻이 꼭 그렇지 않았고 현재는 달리 쓰일지라도 미래에는 또 어떻게 변할지 알 수 없는 일이다.

'아래 하'를 넣어 높이는 말

대통령에 대한 호칭이 '각하(閣下)'일 때가 있었다. 지금도 옛세대의 사람이라면 이렇게 써야 하는 줄로 아는 사람도 있을 터이다. 영화나 드라마의 장르가 시대극이라면 '폐하', '전하', '저하'와 같은 말들이 여러 번 들릴 것이다. 그것이 '황제', '왕', '세자'를 부르는 호칭인 줄은 알지만 왜 그런 호칭으로 부르게 되었을까를 따져본 사람은 그리 많지 않을 것이다. 호칭은 관습이라 남들이 그리 부르면 나도 그렇게 부르게 된다.

그렇지만 이렇게 '하(下)'로 끝나는 말들이 생각보다 많고, '누각 아래'가 어찌 높은 분을 호칭하는 말로 쓰이는지 궁금하기도 하다. '폐하(陛下)'의 '폐'는 '높은 계단'을 뜻하고, '전하(殿下)'의 '전'은 '나라에서 가장 높은 사람이 일하는 곳'이다. 곧 '폐하'는 북경 자금성 태화전의 긴 계단 아래라 보면 되고, '전하'는 경복궁 근정전의 계단 아래라 보면 된다. 여

기서 그 지고한 분까지는 고래고래 소리를 질러야 들릴 거리
이지만 중간에 말을 전하는 사람이 있으니 목이 쉬어라 떠들
지는 않았다.

그러나 '계단 아래' 또는 '큰 건물 아래' 있는 것은 신하들
이지 황제나 임금이 아니다. 이들은 왜 자신들을 부르며 상대
에게 이야기하고 있는가? 황제나 임금의 이름은 함부로 불러
서는 안 되는 것이다. 그래서 새로운 황제나 임금이 보위에
오르면 그의 이름자는 쓸 수 없는 글자가 됐다. 꼭 써야 할 때
는 다른 글자를 대신 쓰면서 피했다. 이런 예법이 엄존했으
니 황제나 임금 앞에서 대놓고 2인칭으로 부를 수는 없는 일
이었다. 이렇게 높은 분이 아니라도 우리말에는 2인칭 기피
현상이 있다. 당사자를 앞에 두고 2인칭으로 직접 부르지 않
는 것이다. 꼭 자신보다 윗사람이 아닐지라도 앞에서 '그대'
라 부르며 3인칭을 빌려 상대를 부르기도 한다. 또한 요즘은
많이 쓰지 않지만 상대방을 약간 낮추어 쓰는 '이녁'이란 말
도 뜻으로 보면 자신을 이야기하면서 상대방을 칭하는 묘한
인칭 대명사인 셈이다. '폐하'와 '전하'에서도 마찬가지이다.
자신을 부르면서 황제와 임금을 부르는 용어로 쓴다.

그렇다면 '폐하'나 '전하'는 등급에 따라 부르는 호칭이었

으며, '대궐 아래'란 뜻의 '궐하(闕下)'라는 말이 쓰이기도 했고, 발해에서는 '기하(基下)'란 말로 임금을 부르기도 했다고 하니 엄격히 정해진 것은 아니고 관습에 따라 불렀던 것 같다. 임금 아래로도 높은 사람들에게는 이와 같은 경칭을 사용했다. 예전에 대통령을 부르던 '각하(閣下)'라는 말은 정승처럼 높은 벼슬아치를 부르던 말이었다. 그러니 대통령은 임금보다 못한 대우를 받은 셈이다. 더 정확히 말하자면 대통령은 국민이 뽑은 심부름꾼이니 이런 경칭은 왕조 국가에도 민주 공화국에도 어울리지 않는 호칭이라 퇴출되는 것이 마땅하다.

'각하'처럼 높은 벼슬아치에 경칭을 붙이는 것이야 관료들 사이의 일이겠지만 일반인들에게는 지방의 수령보다 높은 벼슬아치가 있을 수 없다. 이들은 '계하(階下)'란 호칭으로 불렀는데 '계(階)'는 요즘 '계단', '층계'에서 쓰는 글자로 '섬돌'이란 뜻이다. 지방 수령이야 대청에 앉아 일을 보니 그 아래 관리들은 기껏해야 섬돌에서 수령에게 아뢰었으므로 이렇게 소박하게 표현할 수밖에 없다. 벼슬아치가 아니더라도 어른에게 '궤하(机下)'라는 표현을 쓰기도 한다. 이는 선비 어른이 앉아 있는 '책상 아래'란 뜻으로 상대에게 존경의 뜻을 표시하는 방법이다.

이런 존칭과는 다르지만 옛날 관리는 '당상(堂上)'과 '당하 (堂下)'의 구분이 있었다. 여기서 '당(堂)'은 '대청마루'를 뜻 한다. 그러니까 보좌에 앉은 임금 가까이 대청마루에 오를 수 있는 관리가 당상관이고, 거기에 오르지 못하는 관리는 당하관이다. 관리의 세계와 다른 학문이나 배움의 세계에서 도 '문하(門下)'라는 것이 있다. 한 스승 아래 배우는 사람들 은 '문하생(門下生)'인 셈이다. 스승이 어떤 것을 가르치는가 는 상관이 없다.

위아래 구분과 명령과 복종이 분명한 군대의 조직에도 '하 (下)'가 붙은 말이 많다. '막하(幕下)'는 '지휘관의 판단을 돕 는 참모의 조직'이다. '막(幕)'은 군대가 야전에서 지내기 위 해 마련한 비바람을 가릴 수 있는 임시 처소이다. 어떤 장군 이 여러 부대를 통솔하고 있다면 이들 부대는 그 장군의 '휘 하(麾下)'에 있는 것이다. '휘(麾)'는 '술을 늘어뜨려 장식한 대장기'를 이른다. 이보다 더욱 강력하게 연결된 것은 '예하 (隷下)' 부대이다. '예하 부대' 정도가 되면 지휘자가 사지에 가서 싸우라 해도 명령에 따라야 한다.

이 모든 것을 떠나서 사람과 사람 사이에서 나이, 항렬, 지위, 계급에 따라 한 사람이 우월한 지위를 누리는 경우가 있다. 이럴 때 다루는 사람을 '수하(手下)'라 한다. 여하튼 어떤 경우도 '하(下)'가 더 괴롭지만 '상(上)'은 무거운 책임감을 느껴야 한다.

외국 국가 이름과 한자 표기

예전에는 외국 국가 이름을 한자로 표기하는 것이 예사였다. 대략 50년 전만 해도 그리스는 '희랍(希臘)'이라 했고, 아시아인 필리핀도 '비율빈(比律賓)', 인도네시아는 보통 '인니(印尼)'라 표기했으니, 요즘 젊은이라면 무슨 말인지도 모를 것이다. 그렇다고 나라 이름을 한자로 표기하는 관행이 없어진 것은 아니다. 같은 한자 문화권인 중국과 일본은 차치하더라도 '미국(美國)', '영국(英國)', '독일(獨逸)', '호주(濠州)'처럼 여전히 한자식 표기법으로 더 많이 표기하는 나라도 있다.

　예전에는 주로 한자식으로 표기한 이름을 썼는데, 오늘날에는 거의 원어 발음에 가까운 표기를 하고 한자 이름은 거의 쓰지 않는 경우도 있다. 이를테면 요즘은 '프랑스', '프랑스어', '프랑스 문학'이라고 표기를 하지 '불란서(佛蘭西)', '불어(佛語)', '불문학(佛文學)'이란 표현은 드물어졌다. 반면에 '독일'을 '도이칠란트'라고 쓰는 사람은 거의 없다. 하물며 각 나라마다 국명을 어찌어찌 불러달라는 요청도 있다. 예전에 '그루지야'는 영어식 발음인 '조지아'로 부르라 했고, 얼마 전까지만 해도 영어식으로 부르던 '터키'를 지금은 자신들의 방식인 '튀르키예'라고 부르라고 하기도 한다. 하긴 역사책에 나오는 '돌궐(突厥)'이 옛날 우리가 이 민족을 부르는 이름이었음을 아는 사람도 점점 줄어들고 있다.

대항해 시대 이후 서구의 나라들이 바다를 건너 동쪽으로 진출하자 이들의 이름을 구분해서 불러야 할 필요가 생겼다. 서구의 나라들을 먼저 접한 중국과 일본은 이들 나라 이름을 그들이 부르기에 편리한 한자로 바꿔 표기했다. 우리도 서양의 언어보다는 한자가 편하니 이에 따라 이들 나라 이름을 불렀다. 반면에 지금은 서구의 언어가 오히려 한자보다 편한 세상이 되었다. 더군다나 우리는 외국 명칭을 우리 식으로 발음하기보다 상대 나라의 발음을 존중하는 편이라 점차 원어에 가까운 쪽으로 말하고 표기하는 방향으로 바뀐 것이다.

우선 미국을 살펴보자. 여전히 한자 이름으로 부르는 미국은 '아름다울 미(美)'를 쓰지만 진정으로 이 나라가 아름다워서 이런 한자를 쓰는 것은 아닐 것이다. 일본도 '미국'이라 부르지만 '쌀 미(米)'를 쓰는데 부자 나라라서 그런다고 우스갯소리를 하기도 한다. 미국의 정식 이름은 'United States of America'로 앞의 두 단어는 연방국을 뜻하고 '아메리카'만 실제 의미가 있는데, 이것마저도 대륙의 명칭이다. 그래서 국호 전체를 음역하기보다 대개 '아메리카'만 음역했다. 이 또한 '아미리가(亞米利加)', '아미리견(亞美利堅)' 등 여럿이 있었고, 때로 접두사 같은 '아(亞)'를 떼고 부르기도 했다. 이렇게 한자어 번역이 여럿인 것은 중국도 지역마다 한자 발음이 다르기 때문이다. 여하튼 이 네 글자 또는 세 글자의 음역된 말이 번다하다 보니 이 중 하나인 '미(美/米)'를 추리고 여기에 '나라 국(國)'을 붙여 간단히 '미국(美國)'이라 한 것이고, 일본은 '미국(米國)'으로 정착된 것이다.

영국 또한 '영국'으로 불리게 된 과정이 복잡하기 짝이 없다. 영국은 본디 잉글랜드, 스코틀랜드, 웨일스 세 왕국이었던 나라이고, 이후에 수많은 식민지를 거느렸기에 '그레이트 브리튼 왕국(The United Kingdom of Great Britain)'이라는 기나긴 이름으로 부른다. 이 정식 명칭을 한자로 음역한 것이 '대불렬돈(大不列頓)'이다. 하지만 현실에서 이런 복잡한 이름을 쓰기는 어려워 그중 대표적인 지역인 '잉글랜드'를 음역해 '영격란(英格蘭)' 또는 '영길리(英吉利)'라 불렀고 이것의 앞 글자만 따라서 '영국(英國)'으로 부르던 것이 굳어지게 되었다.

　프랑스와 독일의 경우는 우리와 중국의 표기가 다르다. 프
랑스를 우리는 '불란서(佛蘭西)'라 했고, 중국은 '법국(法國)'
이라 한다. 중국에서는 프랑스를 '법란서(法蘭西)'로 불렀기
때문이다. '불란서'는 일본이 쓰던 말이다. 이를 보면 일본도
대체로 중국의 한역을 가져다 쓰기도 했지만 자신들 발음에
맞게 부분적으로 개수한 것 같다. 중국은 독일을 '덕국(德國)'
이라 쓰는데 예전에는 '독국(獨國)'이란 표기도 있었다. 여기
서 '덕'은 '도이치'의 발음을 표현한 '덕의지(德意志)'에서 나
온 것이고, '독일' 또한 여기에서 비롯된 음역어이다. 지역마
다 발음이 달랐기에 생겨난 음역 중에서 일본은 '독일'을 채
택해 사용하고 우리는 둘 다 쓰다가 나중에 '독일'로 고착되
었다. '독일'이 '도이칠란트'로 바뀌지 않는 것은 너무 길어
서 불편하기 때문일 것이다.

　나라 이름 음역에는 '미리견'에서 보듯이 앞에 가끔 모음
이 사라지거나 추가되기도 한다. 가령 '에스파냐'를 음역한
'서반아(西班牙)'가 그 사례이다. '서반아(西班牙)'는 왜 영어
의 '스페인'을 음역하지 않았을까 의문이 들기도 하는데, 이
때는 영어 우선 시대가 아니었으니 '스페인'을 음역할 이유

가 없었다. 가령 '러시아'는 '아라사(俄羅斯)'로 표기했는데, 이는 러시아가 몽골 너머의 나라였기에 '러시아'의 몽골어 표기인 '오로스(Oros)'라는 단어 앞에 모음이 추가된 것이다. 구한말 고종이 러시아공관으로 거처를 긴급히 옮긴 사건인 '아관파천(俄館播遷)'에서 '아(俄)'는 러시아를 가리킨다.

나라 이름을 음역한 것은 동북아시아에서 중국이 가장 일렀다. 그 가운데에서도 광둥(廣東) 지방이 가장 먼저이다. 그래서 광둥어 기준의 나라 이름 음역이 많다. 가령 스위스는 '서서(瑞西)', 스웨덴은 '서전(瑞典)'으로 음역했는데 '서(瑞)'의 북경어 발음은 '루이'로 원래 나라 이름 발음과 많이 다르다. 다만 광둥어에서는 '瑞'가 우리 한자음처럼 옛날 음이기 때문에 '세오'라는 발음으로 읽힌다.

'민주, 국회, 법원, 통상'과 같은 말

서구의 문물이 들어와서 천문과 지구의 관념만 변한 것은 아니다. 황제와 왕과 관료와 백성으로 이루어진 동양의 정치 체계와 끊임없이 교역을 원하는 서구 열강의 체제는 완전히 달랐다. 영국도 왕이 있었지만 의회라는 왕을 견제할 수 있는 장치가 있었고, 시민 혁명을 거친 프랑스와 미국은 아예 선출직이며 임기가 정해진 대통령을 뽑았다. 그리고 이들의 외교는 과거 중국이 일방적으로 정한 동아시아 국제 질서와도 매우 달랐다. 그러니 서구 열강과의 마찰이 계속되는 마당에 그들의 사고와 관습을 이해할 필요가 있었고, 그것들은 새로운 용어로 표현되어야 했다.

　가령 '국가의 권리'란 뜻의 '국권(國權)'이란 말은 중국 중심의 질서에서는 필요 없는 말이었다. 모든 권한은 황제의 것이고 그것이 위계에 따라 위임된 것일 뿐이니 굳이 '나라의 권리'를 따질 필요가 없었다. 나라의 빚을 뜻하는 '국채(國

債)'란 말도 없었다. 당시 중국을 중심으로 한 세계에서는 나라와 나라 사이에 조공(朝貢)과 하사품만 있을 뿐이지 서로 재물을 빌려주는 일 자체가 없었기 때문이다. '국회(國會)'는 더 말할 필요도 없다. 선거제도도 없을뿐더러 황제를 견제하는 장치는 근본적으로 불경스러운 일이었다.

이와 같은 맥락에서 새로이 생긴 어휘들도 있지만, 옛 어휘를 새로운 뜻으로 바꾸어 쓰게 된 말도 있다. '민주(民主)'란 말은 '데모크라시(Democracy)'를 번역하며 끌어낸 말인데, 이 말은 옛 역사서인 《상서(尙書)》에 나온다. 《상서》에서 말하길, 하나라에서 상나라로 권력이 옮겨간 것은 하늘의 명령인데 그것은 백성의 마음이 옮겨갔기 때문이라고 한다. 곧 많은 백성의 마음이 하늘의 뜻이라고 했는데, 당시 정치 체제는 왕정이었기 때문에 백성이 주인이 되는 '민주'를 뜻하는 말은 아니었다. 그랬던 것이 이제 영어의 '데모크라시'와 같은 뜻이 되었다.

'민주'를 '인민(人民)이 주권(主權)을 갖다'라고 풀이하기도 한다. 이때 '인민'과 '주권'도 새로이 만든 말이다. '민주'는 뜻을 더 명확하게 하려 '인민'과 '주권'에서 각각 한 글자씩 가져와 두 글자를 합친 것이다. 권력을 가진 통치자의 반대 개념인 '민간(民間)'이란 말도 이때 생겨난 어휘이다. 나라의 체제와 나라 사이의 관계가 새로운 개념으로 바뀌기 위해서는 많은 새로운 어휘가 먼저 만들어져야 했다. '외국(外國)'이나 '외적(外敵)'과 같은 말과 외교를 담당하는 직위를 가리키는 '공사(公使)'라는 어휘도 이때 탄생했다.

'법(法)'은 황제가 통치하던 사회에도 있었다. '명률(明律)'이나 '청률(淸律)'처럼 '률'로 표기하던 것이 그 사회의 법이다. 그렇지만 이 법률은 통치자를 위한 법이었다. '인민'이 주인인 나라에서 그들을 위한 법은 아니었다. 그래서 공공(公共)을 위한 법이 '공법(公法)'이라는 새로운 이름을 얻게 되었다. 또한 군주 아래가 아닌 민주국가에서 독립된 기관으로서 법을 적용할 '법원(法院)'이란 곳도 새로운 이름을 얻었다.

나라와 인민이 살아가기 위해서는 재화를 생산해야 한다. '산업(産業)'은 그 재화를 생산하는 일을 뜻하는 단어로 이때 새로이 생긴 것이다. 여기서 '낳을 산(産)'은 '산모', '산파'라는 단어에 사용되는 한자로 본디 '아이를 낳는 것'을 뜻한다. 이 글자를 이용해서 재미있는 방식으로 새로운 단어를 만들었다.

영어의 '컴퍼니(Company)'를 번역한 '상회(商會)'라는 말도 생겼다. 여기서 '상(商)'은 '은(殷)나라'를 가리킨다. '은'은 상나라의 도읍지 이름이고, 이 나라 사람들이 장사를 잘한다고 해서 '상(商)'이 '물건의 매매'를 이르게 되었다. 하지만 '상회'는 '회사'에 밀려 점차 '상점'이란 뜻을 가리키는 것으로 그 의미가 축소되었다. 또한 나라 사이에 물건을 사고파는 일을 '통상(通商)'이란 어휘를 새로 만들어 표현했다.

앞에서 언급한 새로이 만든 번역어들은 모두 1864년 중국에서 발행된 《만국공법(萬國公法)》이란 책에서 등장하는 번역어이다. 이 책은 새로이 국제 무대에 나선 중국을 위해 미국 국제법학자 헨리 휘튼의 저서를 선교사인 윌리엄 마틴이 번역하여 출간한 것이다. 이것을 곧이어 1870년에 일본에서 번역 출간하면서 중국의 새로운 조어를 이어받는다. 그리고 다시 그 용어들이 우리에게까지 전해진 셈이다.

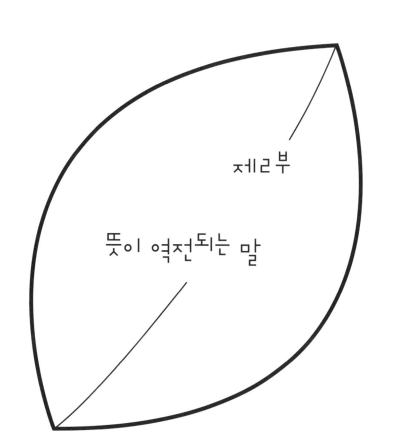

제2부

뜻이 역전되는 말

숙맥, 얌체, 분수, 주책

우리가 쓰는 말 가운데 생략되어 보이지 않는 부분이 있어 왜 이런 뜻으로 쓰일까 하고 의아해하는 어휘가 있다. 마치 요즘 앞 글자만 따서 말해 처음 듣는 사람으로 하여금 고개를 갸우뚱거리게 하는 것처럼 말이다. 물론 요즘은 그보다 한 걸음 더 나아가 초성만 써서 머리를 복잡하게 만들기도 한다. 그러니 말에서 축약 본능은 예나 지금이나 마찬가지인 것 같다. 다만 말을 줄이는 방식이 다를 뿐이다.

'숙맥(菽麥)'이란 한자는 그저 '콩과 보리'라는 뜻이다. 그러니 사정을 모르는 사람은 왜 이 말이 '사리 분별 못 하고 물정을 잘 모르는 사람'을 뜻하는지 잘 모른다. 물론 사전에는 "'숙맥불변(菽麥不辨)'에서 나온 말로 콩과 보리도 구분할 줄 모르는 사람'이라 풀이되어 있다. 그런데 왜 콩과 보리를 구분하지 못하는 것인가 하는 유래까지 밝히지는 않는다.

이것은 좌구명(左丘明)이 쓴 중국 춘추 시대 역사책인 《좌

전(左傳)》에 나오는 이야기이다. 춘추 시대 패권을 쥐고 있던 진(晉)나라에서 신하들이 임금을 죽이는 쿠데타가 일어났다. 쿠데타에 가담한 신하들은 장성한 장남을 두고 열네 살짜리 아우를 임금 자리에 앉히면서 그 형은 '콩과 보리도 구분할 수 없는' 바보라 그랬다고 강변한다. 실제로는 신하가 임금을 마음대로 하려고 했으면서 말이다. 원문은 '불능변숙맥(不能辨菽麥)'이다. '능(能)'이 없어도 의미를 이해하는 데 지장이 없기에 생략하는데, '숙맥불변'이라고 하는 건 서술어가 뒤에 오는 우리말 어법으로 고친 한문이다. 중국에서는 '불변숙맥'이라 한다. 여기에서 '불변'의 뜻은 '변하지 않다'가 아니라 '분별하지 못하다'이다. 이 긴 이야기를 '숙맥' 두 글자에 함축해서 표현한다.

'얌체'란 말이 있다. 사전에는 '얌치가 없는 사람을 낮잡아 이르는 말'이라는 설명이 나온다. 그러니 '얌치'에다 그런 사람을 뜻하는 접사 '이'가 덧붙어 '얌체'가 된 것일 수도 있으나 '치(恥)'의 고어 발음이 '톄'라서 '체' 발음이 되었다. 그러나 얌치든 얌체든 원래는 '염치(廉恥)'에서 나온 말이다. '염치'는 《맹자(孟子)》에 등장하는 '예의염치(禮義廉恥)'로 인간의 사회생활에서 갖추어야 할 덕목이다. '염(廉)'은 검소하고 깨끗함을 이르고, '치(恥)'는 부끄러워함을 뜻한다. 그러니 '염치'는 좋은 덕목인데 '얌체'는 그렇지 않은 것이다. 그러므로 '얌체'는 '숙맥'과 마찬가지의 방식을 거쳐 '염치가 없다'에서 '없다'가 생략된 말로 '검소하거나 깨끗하지 않으며 부끄러움도 모르는 사람'이란 말이다.

'분수도 모르다', '분수가 없다'에 쓰이는 '분수'란 말이 있다. 대개 분별이 있는지 없는지, 또는 자신에 맞는 한도나 한계 같은 것을 이르는 말이다. '분수(分數)'는 '나눈 숫자'란 뜻이다. 수학에서도 이런 개념이다. 그렇다면 무언가 나눌 것이 필요하다. 맞다. 한 냥이 10전이고, 1전이 10푼이다. 한 자는 10촌이고, 1촌은 10푼이다. 한 시간은 60분이다. 곧 '분'은 아주 작은 단위인 셈이다. '분수를 모르다'는 '작은 단위는 모르다'라는 뜻으로 쓰이고 '겉멋만 들어서 작은 것은 하찮게 여기다'라는 뜻과 통한다. '분수가 없다'는 것은 세상사의 작은 디테일은 살피지 않는다는 뜻이다.

생각이 모자라고 어리석은 사람을 놀릴 때 '푼수'라 표현한다. 도량형 단위에서 '분'이 곧잘 '푼'으로 바뀌듯이 변한 말이 '푼수'이다. 결국 '분수'나 '푼수'는 같은 말이다. 분수가 분별이나 한계를 뜻한다면 푼수도 그래야 하는데, 푼수는 나쁜 뜻으로 변했다. 이것 역시 '없다'나 '모르다'라는 이어지는 말이 생략되었기 때문이다.

우리는 '줏대 없이 허튼 행동을 하는 것'을 일러 '주책맞다'라고 한다. 남들이 나더러 주책이라 하는 것이 좋을 리 없다. 그러나 사전을 찾아보면 '일정하게 자리 잡은 주장이나 판단력'이란 풀이가 가장 먼저 나온다. 부정적인 말이 아니라 바람직한 상태를 이르는 것이다. '주책'의 본래 말은 '주착(主着)'이고 여기서 '착'은 '도착(到着)'과 마찬가지로 '~하고 있음'의 뜻이니 이 풀이가 수긍이 간다. 그런데 긍정적인 의미로는 거의 쓰지 않고 '주책을 부리다'나 '주책바가지'란 표현으로만 쓴다. '하는 일이 반듯하고 야무지다'라는 뜻의 '칠칠하다'도 역시 부정적인 어휘인 '않다' 또는 '못하다'와 결합하다가 본래의 긍정적인 뜻이 역전되고 있는 듯하다.

이처럼 뜻이 좋은 단어도 '없다', '아니다', '못하다', '모르다'와 같은 부정적인 서술형과 주로 결합하다 보면 뜻이 역전되는 경우가 많다. 부정적인 서술이 생략되어도 그 어감이 여전히 남아 있기 때문이다. 착한 사람도 못된 사람과 노상 같이 있으면 못된 사람이 착해지는 것보다 착한 사람이 못되게 변하기 쉬운 법이다.

잘못 알고 있는 사자성어 ①:
주야장천, 일사불란, 삼수갑산

우리말에는 한자로 되었거나 한자에서 유래한 낱말이 무수
히 많다. 이것 말고도 곧잘 한자 네 글자로 된 사자성어를 즐
겨 쓴다. 그 이유는 짧은 사자성어를 적절하게 쓰면 전달하
고자 하는 내용이나 감정을 깔끔하고 함축적으로 전달할 수
있기 때문이다. 게다가 사자성어를 잘 사용하면 유식해 보일
것 같은 기분도 든다. 하지만 사자성어를 잘못 사용하는 사
례도 많고, 뜻에 맞지 않게 쓰면 오히려 비웃음을 살 수도 있
으니 조심해야 한다.

　아마 가장 흔히 잘못 쓰고 있는 것은 '주야장천(晝夜長川)'
을 '주구장창'이라 하는 것이다. 너무도 많은 사람이 '주구
장창'을 쓰고 있어서 음과 뜻에 맞는 적당한 한자를 새로 달
아주고 싶어질 정도이다. '밤낮으로 (흐르는) 긴 시내'란 뜻도
'밤낮으로 끊임없이'까지만 취한다. '주야장천'이 어째서 첫
째, 셋째 글자만 제대로 쓰이고 두 글자는 전혀 맥락 없는 글

자로 바뀌었는지는 모른다.

'주야장천'의 유래도 《논어》에서 나왔다는 이야기와 서산대사의 시에 나온 글귀라는 두 가지 이야기가 있다. 《논어》에서 유래했다는 설은 이 고사성어와 맥락이 맞지 않고, 중국에서는 쓰이지 않는 성어이기에 맞지 않는 것 같다. 서산대사의 시에 나온 글귀는 '밤낮으로 긴 흐름은 쉬지 않는다(畫夜長流無歇時)'로 한 글자가 '내 천(川)'이 아니라 '흐를 류(流)'인데 차라리 이것이 유래가 될 수 있을 것 같다.

'주구장창'처럼 음이 다르지는 않지만 미묘한 차이로 잘못 쓰이는 사자성어는 '일사불란(一絲不亂)'이다. '실 한 올도 흐트러짐이 없다'라는 뜻의 이 성어를 많은 이가 자주 '일사분란'으로 쓴다. '분란(紛亂)'이면 '어수선하고 어지럽다'라는 뜻이니 정반대의 뜻이 된다. 이 경우는 'ㄹ'끼리 충돌해서 어쩔 수 없이 앞의 음이 'ㄴ'으로 변한 것이니 발음상 어쩔 수 없는 면이 있다. 듣는 사람이 '불'을 '분'으로 들었다고 여길 수 있다.

이것처럼 음운의 문제는 아니지만 자주 잘못 발음하는 '양수겸장(兩手兼將)'이란 성어도 있다. '두 가지 일을 모두 잘하다'라는 뜻인데, 보통 '겸'을 '겹'으로 말하는 실수를 한다. 아마도 '겹'이란 말에 '이중(二重)'이란 뜻이 있으니 자동적인 연상 때문에 그럴지도 모른다. 여하튼 이 성어를 이야기할 때는 발음에 신경을 써야 한다.

'몸도 목숨도 다 되었다'라는 뜻의 '절체절명(絶體絶命)'이란 성어도 곧잘 '절대절명'으로 잘못 알고 있는 경우를 본다. 이것 역시 절박한 경우를 뜻하는 말이기에 '절대'란 단어가 연상되어 그런지도 모른다. 아니면 '절체'에 '절박한 몸'이라는 인식을 방해하는 그 무엇이 있는지도 모르겠다. 이유가 어찌됐든 틀리게 쓰는 것은 쓰지 않는 것보다 못하다.

앞의 '주야장천'의 경우처럼 모든 사자성어가 중국의 고사가 바탕인 것은 아니다. 우리나라에서 만든 것도 있고, 심지어 '도긴개긴'처럼 한자가 아닌 토박이말 사자성어도 있다. 같은 사자성어라 해도 중국과 어순이 다른 것도 있다. '산과 바다의 맛있는 것들'이란 뜻이 우리나라에서는 '산해진미(山海珍味)'이지만 중국은 '산진해미(山珍海味)'로 쓴다.

위험하고 고생할 일이 닥칠 때 '삼수갑산(三水甲山)에 가더라도' 하는 표현을 쓰는데, 이것이야말로 우리 지명으로 만든 사자성어이다. 이곳은 우리나라에서 이름난 험지인 개마고원 인근의 '삼수군'과 '갑산군'을 이르는 말이다. 예전에는 함경남도였지만 지금은 양강도에 속한 대표적인 험지라 모두가 살기를 꺼리는 곳이다. 그런데 이 '삼수'가 간혹 '산수'로 탈바꿈하고, '갑산'이 '강산'으로 변신한다. 그러나 '산수'나 '강산'을 붙이면 경치 좋은 곳이 되니 이 성어의 본디 뜻과는 멀어진다.

험한 오지라 해서 경치가 나쁜 것은 아니겠지만 이곳은 살기가 너무 힘들어 중죄인들이 가는 유배지로 손꼽혔다. 중죄인들이 이곳에 가면 살아서 다시 돌아오기 힘들었기 때문이다. 그러나 삼수갑산을 가더라도 정신만 똑바로 차리면 된다고, 여기에 귀양 갔다 실제로 살아서 돌아온 사람이 바로 고산 윤선도이다. 따뜻한 곳 해남에 살던 사람이 춥다 못해 살을 에는 매운바람 부는 그곳에서 얼마나 애절했을까 싶다.

잘못 알고 있는 사자성어 ②: 풍비박산, 옥석구분, 동고동락

우리가 틀린 사자성어를 사용하는 이유는 그 사자성어의 유래에 대한 확실한 지식이 없기 때문이다. 더군다나 한자를 배우지 않은 세대들이 늘어났기에 사자성어의 뜻을 헷갈리는 경우도 적지 않다. 사자성어도 이미 우리말에 들어와 쓰이고 있기에, 쓰려면 가능한 한 그 유래를 알고 정확히 쓰는 게 좋다. 사자성어를 이루는 한자는 모른다고 해도 그 유래만 올바르게 알면 정확한 용도로 사자성어를 쓸 수 있다.

'무언가 다 깨져서 망가지고 다 사라지다'라는 뜻으로 '풍지박살이 나다'라고 곧잘 이야기한다. 그런데 '풍지박살'이라고 사전을 찾아보면 나오지 않는다. 왜냐하면 이 성어는 '풍비박산(風飛雹散)'을 잘못 알고 있기 때문이다. '풍비박산'은 '바람에 날리고, 우박이 흩어지다'라는 뜻이다. 그러니 기후가 불안정한 여름날 바람이 휘몰아치면서 우박이 쏟아지며 흩날리는 날씨를 묘사한 것이라 생각하면 꼭 맞다. 그런

데 '풍지박살'이라 쓰는 이유는 무엇일까? '풍비'는 파열음
(폐에서 나오는 공기를 일단 막았다가 그 막은 자리를 터뜨리면서 내
는 소리)이 연달아 있어 발음이 쉽지 않고, '박'은 흔히 쓰이
지 않는 어려운 한자인 데다 '박'이 들어간 말 중 자주 쓰이
는 단어가 '깨지다'란 뜻의 '박살'이기 때문이다. 네 글자 가
운데 두 글자나 잘못 알고 있는 경우는 흔치 않다.

  또 잘못된 음으로 읽지는 않지만 지레 다른 한자로 여기고
잘못 쓰는 사례도 있다. '옥석구분(玉石俱焚)'이란 성어가 그
것이다. 이 성어는 '불이 옥이든 돌이든 가리지 않고 전부 태
워버리다'란 뜻인데, '구분'을 '가리다'란 뜻의 '구분(區分)'으
로 해석하여 '돌과 옥을 가리다'로 이해하니 뜻이 엉뚱하게
바뀌었다.

  '옥석구분'이란 이야기는 중국 고대의 역사책인《상서》에
나오는 이야기로 하(夏)나라의 왕이 제후에게 정벌할 것을
명령하자 제후가 "불은 좋고 나쁨을 가리지 않고 태워버리는
데 왕의 권력은 불보다 더하다" 하여 정벌을 만류했다고 한
다. 그러니 '돌과 옥을 구분하다'와 다르게 '구분하지 않고
함께 태워버리다'이니 정반대의 뜻으로 변한 셈이다.

  이 성어가 이렇게 변한 것은 '함께 태우다'란 뜻의 '구분

(俱焚)'은 거의 사용하지 않는 단어인 것에 반해 '구분(區分)'은 자주 사용하는 단어인 데다 구체적인 성어의 유래는 모르니 이런 오해가 발생한 것이다. 하지만 의미를 잘못 쓰고 있는 것이라도 그것이 새로운 성어가 안 될 이유는 없다. 그러니 기왕이면 '다 태우다'와 '구분하다'의 의미를 지닌 사자성어를 전부 사전에 올리고 사용해도 무방할 것이다.

이와 달리 음을 잘못 써서 뜻도 왜곡하는 경우도 있다. '동고동락(同苦同樂)'은 '고통도 즐거움도 함께하다'라는 사자성어인데, 이를 '동거동락(同居同樂)'이라 쓰는 경우가 꽤 있다. 이렇게 되면 '함께 살면서 같이 즐기다'란 뜻이 된다. 이것이 그리 나쁜 뜻은 아니지만 '즐거울 때만 함께하다'라는 왜곡된 인상을 줄 수 있다. 이렇게 바뀌어 쓰게 된 이유는 '동고(同苦)'라는 단어는 흔히 쓰이지 않고 음이 비슷한 '동거(同居)'는 자주 쓰이는 단어이기에 그럴 것이다. 사자성어는 보통 전거와 유래가 있는 것이나 반드시 필요한 것은 아니다. '동거동락'은 전거나 유래가 없지만 그렇다고 사자성어가 될 수 없지는 않다. 다만 고통도 즐거움도 함께하는 것이라는 의미로 쓰면 안 된다. '동거동락'은 그저 지금 같이 살며 즐거움을 누리자는 '카르페디엠(Carpe diem)'의 의미로 써야 한다.

'혈혈단신(孑孑單身)'은 '의지할 곳 없는 외로운 홀몸'이란 뜻의 표현이다. 여기서 '혈(孑)'은 '외롭다'라는 뜻이고, '단(單)'은 '홑'의 의미를 표기한 글자이다. 그러니 한자를 직역하면 '외롭고 외로운 홀몸'이 된다. 그런데 '혈' 자는 잘 쓰지 않는 글자이고, 모양새가 '아들 자(子)'의 가로획이 위로 치켜 올라간 형태여서 한자로 써놓으면 제대로 읽지 못하는 사람이 많다. 그러니 이 사자성어를 뜻으로 해석해서 '홀홀단신'이라 하는 경우가 많다. 이렇게 쓰면 결국은 '홀홀홀몸'이 되어 '홑'의 의미를 특별히 강조하게 되니 그다지 나쁜 것은 아니다. 결국은 우리말이 한자 성어에 결합한 셈이다. 이런 경우가 또 있는데 밤에 몰래 도망가는 것을 가리키는 '야반도주(夜半逃走)'이다. 여기서 '반(半)'은 '밤의 한가운데'이니 '깊은 밤'을 뜻한다. 그런데 이 사자성어의 뜻이 머리에 잘 들어오지 않아서 '야밤도주'라고 바꿔버린다. 이 또한 나쁘지 않다고 본다.

'~없다'의 조어법 ①:
한 단어로 굳어진 것들

우리말에는 '~있다' 또는 '~없다'를 가지고 용언을 만든 사례가 풍부하다. 가령 '재미있다'와 '재미없다'는 자주 쓰이는 형용사이다. '재미'는 '영양이 풍부한 좋은 맛'이라는 뜻을 가진 단어 '자미(滋味)'가 변한 말인데, 이제는 '일상의 즐거움'을 뜻하는 말이 되었다. 그나마 '재미'는 자주 쓰이는 말이기에 그 뜻을 확실하게 알지만 어떤 어휘들은 '~있다' 또는 '~없다' 앞의 단어가 무슨 뜻인지 모르는 것들이 꽤 있다. 또한 '~있다'가 붙은 어휘보다는 '~없다'가 붙은 어휘가 거의 열 배나 많다. '~없다'가 언어 사용자들에게 더 큰 의미 전달의 효과가 있는 것이다.

 '~없다' 앞에 붙은 말 중에는 한자에서 온 것이 있다. 이를테면 '두서(頭緒)없다', '손색(遜色)없다', '여지(餘地)없다'와 같은 말이다. 이런 어휘를 쓰면서 용례를 통해 무슨 뜻인지는 짐작할 수 있겠지만 한자 뜻을 알면 더 정확하게 쓸 수 있다. '두서'의 '두(頭)'는 머리이고, '서(緒)'는 실마리이다. 엉킨 실을 풀려면 먼저 실의 끄트머리를 찾아 조심스럽게 해결해야 한다. '두서없다'라는 말은 이 실마리를 찾기 힘든, 차례나 갈피가 뒤섞인 상태를 말한다. '손색없다'의 '손(遜)'은 '겸손하다'라고 할 때 쓰이는 글자인데, 여기서는 '못하다', '뒤지다'의 뜻이다. 즉, '뒤진(못한) 기색이 없다'란 뜻으로 쓰인다.

'채신없다'란 말도 한자음이 변한 것이다. '채신'은 '처신(處身)'이 변한 것이니 '몸가짐'이라 보면 된다. 그러니 '채신없다'는 '몸가짐을 제대로 하지 못하다'라는 뜻이다. 비하의 뜻이 있는 접사 '머리'를 붙여서 '채신머리없다'라고 하기도 한다.

'~없다' 앞에 한자어가 결합한 단어도 그렇지만 토박이말이 들어간 것도 그 의미를 잘 모르는 말이 많다. '가뭇없다', '뜬금없다', '무람없다', '터무니없다', '어림없다' 등이 그것인데, 표현 자체는 낯설지 않지만 '~없다' 앞에 있는 어휘는 익숙한 말이 아니다. 아마도 '~없다'의 형식이 아니었으면 벌써 사라진 말이 되었을지도 모를 일이다.

'가뭇없다'는 그래도 '가뭇하다'란 말이 있어 그 의미를 추

측할 수 있다. '가뭇하다'는 '빛깔이 조금 검은 듯하다'라는
뜻이고 '가뭇없다'는 '보이지 않게 되어 찾을 곳이 막막하다'
라는 뜻이다. '가뭇'이 들어가는 말 가운데에는 그래도 '가뭇
가뭇'이 가장 많이 쓰이는 듯하다. '뜬금없다'는 '엉뚱하게
갑자기'란 뜻으로 쓰인다. 그렇지만 '뜬금'은 '떠 있는 값(시
세)'란 뜻이다. 그러니 '시세가 일정치 않고 변동이 심하다'라
는 말이다. '변동이 심하다'라는 뜻을 지닌 말에 '~없다'가
들어가 '엉뚱하고 갑작스럽다'라는 의미로 변했다.

  '무람없다'의 '무람'은 '부끄러워하고 조심하다'라는 뜻으
로 어원은 모른다. 어쨌든 '무람없다'는 '부끄러움도 없고,
조심도 하지 않다'라는 뜻이다. '터무니없다'는 '허황되고 이
치에 맞지 않다'라는 뜻이다. 그런데 '터무니'가 무엇이냐 물
으면 말문이 막힌다. 그런데 실은 단순한 어휘이다. '터무니'
는 '집터가 있던 자취'를 말한다. 그런 자취조차 없으니 거기
에 집이 있었다는 이야기는 터무니없는 것이다.

  '어림없다'라는 말도 일상에서 늘 쓰는 말이다. 이 '어림'
은 사전에서 '대강 짐작으로 헤아림'이라 풀이하고 있다. '어
림'과 비슷한 말로 '대중'이란 말이 있는데, 사전에서 '대강
어림잡아 헤아림'이라고 풀이한다. 그러니 '어림', '대중',

'짐작'은 같은 뜻의 말로 여겨도 좋다. 이 가운데 '짐작(斟酌)'만이 한자어인데 사용 빈도는 가장 높다. '짐(斟)'은 됫박으로 재는 것을 말하고, '작(酌)'은 국자로 푸는 것을 말한다. 그러니 '대략 어림잡다'라는 표현이다.

  이렇게 뜻이 같은 세 말 가운데 가장 많이 쓰는 '짐작'에는 '~없다' 표현이 잘 붙지 않는다. '짐작 없다'라 쓸 수 없는 것은 아니나 띄어쓰기를 한다는 것은 한 단어로 치지 않는다는 뜻이다. 게다가 '어림'과 '대중'은 모두 '~없다'란 표현이 있는데 뜻이 서로 다르다. '어림없다'는 '도저히 될 가망이 없다'라는 뜻이고, '대중없다'는 '도저히 짐작할 수 없다'라는 말이다. 이렇게 거의 같은 뜻으로 쓰이는 말도 활용에 따라 전혀 다른 뜻으로 쓰일 수 있는 것이 말의 세계이다.

'~없다'의 조어법 ②:
한 단어로 인정받지 못한 이유

앞서 '짐작 없다'는 한 단어로 인정받지 못해 띄어쓰기를 해야 한다고 했는데, 이런 사례는 상당히 많다. 그것이 한 단어인가 아닌가를 정하는 일은 국어학자들이 한다. 그렇게 학자들의 논의를 거친 후 결정된 바가 국어사전에 올라간다. 그러나 그들도 사람인지라 편견이 있고, 또 예전에 판단한 것이 지금 시대에 맞지 않는 경우도 있다. 그러나 한 단어로 인정하는 것을 과연 국어학자만 해야 하는 것인가 하는 근본적인 물음도 있을 수 있다.

가령 '하릴없다'라는 어휘가 있다. '어찌할 도리가 없다' 또는 '조금도 틀림이 없다'라는 뜻을 지닌 말인데, 원래는 '할 일 없다'라는 말이 붙어 연음된 것이 시간이 지나며 뜻이 변한 것이 아닌가 한다. 어떤 사태에 대해 '할 일이 없는' 것은 어쩔 방법이 없다는 것이기도 하다. 한편 해야 할 일이 없는 경우는 '할 일 없다'로 띄어쓰기한다.

어떤 말은 띄어 쓰고 어떤 말은 한 단어라 여겨 붙여 쓰는 것을 일반인이 쉽게 판단할 사안은 아니다. 사람마다 언어 감각이 다르고, 지역이나 계층에 따라서도 사용하는 언어가 다르기 때문이다. 그런데 그것을 국립국어원에서 판단하여 어떤 것은 붙여 쓰라 하고, 어떤 것은 띄어 쓰라 하면, 일반인은 도저히 따라갈 방법이 없다. 이런 표준어 띄어쓰기를 엄청난 두께의 사전에 묶어놓고 '모르면 사전을 찾아보라' 하며 전 국민이 한글을 쓰는 데 스트레스를 주는 것은 문제가 아닌가 싶다.

앞서 나온 '~없다'의 용례와 '가차 없다'란 말을 비교해보자. '가차 없다'란 말은 일상에서 많이 사용하지만 띄어쓰기를 해야 하는 것은 한 단어로 인정을 못 받았다는 뜻이다. 이것이 한 단어로 인정받지 못한 이유는 짐작이 간다. 본디 '가차(假借)'란 단어가 지닌 뜻과는 많이 다른 길로 갔으며, 다른 어원이라 여길 만한 어떤 다른 어휘도 떠오르지 않기 때문일 것이다.

'가차(假借)'의 뜻은 '가짜로 빌리는 것'이다. 그러니 '빌린 척하는' 것일지도 모른다. 이 말은 본디 《설문해자(說文解字)》란 한자의 풀이를 지은 허신이란 후한(後漢)의 학자가 한자의 구성 원리를 여섯 가지로 구분한 것 가운데 한 가지이다. 곧 다른 뜻을 가진 한자를 빌려서 대용으로 쓰는 것을 '가차'라 한다. 그래서 이 뜻과 '봐주지 않다'란 뜻의 '가차 없다'는 너무 멀게 느껴진다. 억지로 꿰맞춘다면 '임시로 빌려서 봐주지도 않고'라 할 수 있겠으나 일종의 견강부회임은 부정하기 힘들다. 그러니 한 단어로 인정하기 쉽지 않은 것이다.

그렇지만 언어는 원래 유래를 알 수 없기도 하고, 이성적으로 설명할 수 없는 표현도 자주 쓴다. 우리 인간이 본디 이성적이지만은 않은 것처럼 언어도 인간을 닮은 것이다. 그렇게 변하는 것이 언어이기 때문에 '가차 없다'가 이해할 수 없는 방식으로 변한 언어라고 해도 현재 많이 쓰이고, 그 쓰이는 뜻도 분명한 만큼 '가차없다'로 쓰게 함이 옳다.

이렇게 유래를 알 수 없고, 설명할 수 없는 단어 중 '어처구니없다'와 '어이없다'라는 어휘를 보자. 이 말은 '생각 밖이어서 기가 막히다'의 뜻으로 쓰인다. 보통 '어처구니'가 맷돌을 돌리는 나무 손잡이라서 이것이 없으면 '황당하다'라는 뜻에서 유래되었다고 한다. 하지만 사실 오래된 맷돌이라고 해도 손잡이가 없는 경우는 흔하지 않겠지만 그런 경우가 아예 없는 것은 아니었을 것이다. 돌보다 나무가 내구성이 부족하니 일상에서도 어처구니가 부러져 망가지는 경우가 없지는 않았을 것이다. 그러니 손잡이가 없어 맷돌을 돌리지 못하는 황당함은, 지금 이 말이 쓰이는 어감에 미치지 못한다.

'어처구니'나 '어이' 또는 남쪽 지방의 방언으로 '얼척'이 20세기 초까지는 용례가 있다고 한다. 대개는 '상상 밖의 큰 물건이나 사람'을 뜻하는 말이었고, 그래서 광산에서 돌을 부수는 커다란 기계, 또는 굴뚝이나 증기기관 같은 물건에도 이런 표현을 썼다고 한다. 또한 왕궁이나 절의 추녀마루 위에 있는 잡상을 '어처구니'라 부르기도 했다. 이 잡상은《서유기》에 나오는 삼장법사와 그 일행, 혹은 용, 사자, 기린 등을 묘사한 조형물인데, 그 목적은 귀신들을 막는 것이다. 그러니 이 또한 상상의 힘으로 상상 속의 괴물을 퇴치하는 것이라 할 수 있다.

그러니 '어처구니', '어이', '얼척'은 모두 상상을 뛰어넘는 그 무엇이다. 그래서 '어처구니없다'나 '어이없다'가 '뜻밖의 기가 막힌 것'을 뜻하게 되지 않았나 하고 짐작한다. 하지만 이것도 '가차 없다'와 마찬가지로 아직 확실하게 규명된 것은 아니다. 하지만 그 유래를 알든 모르든, 또는 그것이 살짝 잘못된 형태로 쓰인다고 하더라도 지금 쓰이는 뜻과 용례가 중요하다. 그래서 '어처구니'나 '어이'가 무엇인지 잘 알지 못하지만 붙여 쓰고 있는 것이다. 같은 맥락에서 '가차 없다'도 붙여 쓰는 것이 맞다.

'~없다'의 조어법 ③:
원래 의미가 변하는 경우

앞서 '하릴없다'에서 보았듯이 '~없다'가 붙어서 의미가 변하는 경우도 꽤 있다. 이를테면 '틀리지 않고 꼭 들어맞다'라는 뜻으로 쓰이는 '영락없다'의 '영락(零落)'은 '떨어지다'라는 뜻이다. '영락'의 두 글자는 모두 '가을이 와서 찬바람 불어 단풍 들고 나뭇잎이 떨어지거나 꽃이 져서 꽃잎이 떨어지다'라는 뜻으로 쓰이는 한자이다. 이를 '하다'와 결합해 '영락하다'로 쓰면 '초목의 잎이 시들어 떨어지다', 또는 '권력이나 세력이 보잘것없어지다'란 뜻이다. 그런데 '영락없다'는 이파리나 꽃잎이 지지 않거나 권세가 지속되는 것이 아니라 '틀림없다'와 비슷한 뜻으로 바뀌었다. 이처럼 '~없다'가 붙어 왜 뜻이 변했는지 모르는 경우도 꽤 있다.

보통 '불쌍하고 딱하다'란 뜻으로 쓰는 '가엽다'도 '~없다' 형태의 말이다. 여기서 '가'는 '가장자리'란 뜻인데, 여기에 '없다'가 붙어서 '가엽다'가 되었다. '가엽다' 말고 '가엾다'도 쓰이는데 둘 다 표준어이다. '가'의 옛 형태는 '갓'이고, '귿'은 '끝자락'을 뜻하여 현대어에서 '끝'이 되었고, '깃'은 옷의 끝자락이다. 그러니 이 세 가지 모두 '끝자락'이나 '가장자리'를 뜻하는 같은 어원에서 나왔을 터이다. 이 가운데 '귿'은 '귿없다'가 '그지없다'의 형태로 변했다.

여하튼 '가없다'가 '가엾다'가 되었는데 '가장자리가 없다'가 '불쌍하다'로 뜻이 변한 것이다. 원래 '불쌍하다'란 뜻은 '어엿브다'였다. 이것이 '예쁘다'란 뜻으로 변하면서 차츰 '가없다'가 '불쌍하다'의 뜻으로 쓰였다는 것이다. '불쌍하다'는 '불상(不常)'이 변화한 것으로 '정상이 아닌 것'을 뜻한다. 그러니 '가장자리'나 '끝자락'이 없는 것도 '불쌍하다'와 일맥상통한다 하지 않을 수 없다. 여하튼 어떤 말은 처음 뜻을 잘 간직하고 있지만 어떤 말은 그렇지 못하다. '~없다'가 붙어 뜻이 굴절된 말은 더 변하기 쉬울지도 모른다.

뜻이 크게 변하지는 않았지만 미묘하게 어감이 달라진 것도 있다. '형편없다'는 '매우 좋지 못하다'란 뜻으로 쓰인다. 그러나 '형편(形便)'이 '일이 되어가는 상태'나 '살림살이의 형세'를 뜻하는 말인 것과 견주면 '형편없다'는 조악한 물건이나 상태, 또는 능력이나 대우 등에 두루 쓰이는 어휘가 되었다. '부질없다'는 '대수롭지 않거나 쓸모없다'라는 뜻으로 쓰인다. 그러나 '부질'은 '언제나'를 뜻했다고도 하므로 '부질없다'는 '무상(無常)하다'와 통한다고 한다. 지금도 이런 의미가 살짝 남아 있기는 하지만 조금 다른 어감으로 쓰인다. 한편 '부질'을 '불질'이 변한 것으로 보아 '쇠의 담금질'로 해석하기도 한다.

'행동이나 생각이 쓸데없고 싱겁다'라는 뜻의 '객쩍다'란 말이 있다. 이와 같은 표현으로 '객없다'라는 말도 쓰인다. 여기서 '객(客)'은 손님이란 뜻이고, '쩍다'는 '적다(小)'가 변한 것이다. 그러니 손님이 없거나 적다는 말인데, 아무래도 손님이 북적대야 할 곳이 그러면 심심하고 하는 일도 재미없다는 의미에서 변했을 것이다.

요즘 많이 쓰는 '밥맛없다'라는 말은 '아니꼽고 기가 차서 정이 떨어지거나 상대하기가 싫다'의 뜻으로 주로 쓰인다. 밥맛이 없을 이유는 많다. 애초에 쌀이 나쁘거나 밥을 잘못 지었을 수도 있고, 먹는 사람이 식욕이 없을 수도 있다. 이 모든 것을 떠나 밥이 정말 맛이 없을 때는 기분 나쁠 때이다. '밥맛없다'는 그렇게 기분 나쁠 때를 표현하는 말로 차츰 쓰이게 되다가 결국 그 뜻만 남았다. 그런데 이제는 '밥맛없다'를 더 줄여 '밥맛'이라 표현한다. 애꿎은 '밥맛'이 기분 나쁨의 대명사가 된 것이다. 이렇게 요즘 우리말에서는 '~없다'의 표현에서 '없다'조차 생략하는 일이 잦다. 가령 '알레르기 없는 이불'이 '알레르기 이불'이라는 반대의 뜻으로 축약된다. 이런 일이 장기간 계속되면 결국 말뜻이 변화되는 것이다.

'어림없다'는 '도저히 가망이 없다'라거나 '짐작할 수 없다'라는 뜻으로 쓰인다. 요즘은 두 번째 뜻보다 첫 번째 뜻으로 더 많이 쓴다. '어림'이 '짐작으로 헤아리다'라는 뜻이기에 두 번째 뜻이 본뜻인데, 지금 의미의 전이가 이루어지고 있는 중이다.

'~없다' 앞에 붙는 말의 어원을 알지 못해 확언할 수는 없지만 의미 변화가 의심 가는 말도 있다. '진배없다'는 '조금 못하거나 비슷하다'란 뜻으로 쓰이는데, '진배'는 현재 쓰이지 않는 어휘이다. '진배'를 '진짜배기'라 해석하면 '진배없다'는 '진짜가 아니다'라는 뜻이다. 그것이 '진짜보다 못하지만 비슷하다'를 거쳐 '거의 같다'라는 뜻이 되지 않았을까 짐작한다. '하염없다'의 경우도 '하염'이 무엇인지 확실히 모른다. 그러나 이것이 만일 '하념(何念)'이라면 '아무 생각 없이'가 지금의 뜻으로 변한 것은 아닌가 하고 짐작할 수 있다.

우연히와 우연찮게

앞서 이야기한 '~없다' 말고도 '~않다'나 '~못하다' 역시 뜻의 변화를 초래한다. 가령 '칠칠하다'는 여러 뜻이 있다. '나무, 풀, 머리 따위가 자라서 알차고 길다'가 그 하나이고, 두 번째는 '주접이 들지 않고 깨끗하고 단정하다'이며, 세 번째는 '성질이나 일 처리가 반듯하고 야무지다'이다. 세 뜻 모두 긍정의 뜻으로 주로 두 번째와 세 번째 뜻으로 많이 쓴다. 그런데 이 '칠칠하다'는 긍정적인 뜻으로 쓰이기보다 '칠칠하지 못하다'라는 뜻이나 그보다 더 속되게 '칠칠맞지 못하다' 또는 '칠칠찮다'란 의미로 주로 쓰인다. 이런 부정적인 용법이 압도적으로 많기에 지금은 '칠칠하다' 자체에 정반대의 부정적인 뜻이 옮겨가는 중이다. 언젠가는 '칠칠하다'가 사전에 부정적인 뜻을 올릴 수도 있을 것이다.

이것이 과장된 이야기라 생각한다면 '우연히'와 '우연찮게'의 경우를 살펴보자. 이 둘은 정반대 뜻이어야 하는데, 실제로는 거의 비슷한 의미로 쓰인다. '우연히'는 사전에서 '어떤 일이 뜻하지 아니하게 저절로 이루어져 공교롭게'라고 풀이하고 있다. 그렇다면 '우연하지 않게'의 줄임말인 '우연찮게'는 '어떤 일이 뜻한 대로 이루어져 필연적으로'란 뜻이 되어야 한다. 곧 '우연찮게'는 '필연'이어야 한다. 그런데 사전에는 '꼭 우연한 것은 아니나 뜻하지도 아니하다'라고 풀이하고 있다. 우연한 것도 아니고, 필연적인 것도 아니라는 어정쩡한 풀이를 하고 있는 것이다. 이미 뜻이 반대여야 할 '우연찮게'가 '우연히'와 같은 뜻으로 쓰이고 있는 현실에 미봉책으로 이도 저도 아닌 풀이를 하고 있는 상황이다.

시대에 따라 변하지 않는 말도 있지만 변하는 말뜻도 있다. 언어는 사람들이 의사소통을 하는 도구이기 때문에 도구를 다른 용도로 쓴다고 탓할 수는 없다. 예컨대 '주책이다'가 본뜻과 반대의 뜻으로 쓰이는 것을 나무랄 수는 없는 노릇이다. 한자어 가운데에서는 '독불장군(獨不將軍)'이란 말이 그렇다. '독불장군'이란 '무슨 일이든 자기 생각대로만 하고 남의 말은 전혀 듣지 않는 사람'을 뜻한다. 그러나 그 한자 뜻을 살펴보면 '혼자서는 장군이 될 수 없다'라는 말이다. 당연한 이야기이다. 모름지기 장군이라면 휘하에 많은 병졸과 간부들이 있어야 한다. 만일 군대도 없는 장군이라면 아무 구실을 못하는 외로운 사람일 수밖에 없다. 이것이 어쩌다 무시무시한 폭군 같은 사람을 이르게 되었는지는 모르지만 말이란 이렇게 원래 뜻과 같은 뜻으로만 쓰이지 않는다. 때로는 전혀 다른 모습으로 바뀌기도 하는 것이 말의 운명이다.

이렇게 바뀐 예들은 수없이 많다. 우리는 솜씨가 형편없는 것을 '젬병'이라 표현한다. '젬병'은 '전병(煎餅)'에서 나온 말이고, 전병은 '둥글게 부친 부침개 종류'를 뜻한다. 이것을 곱고 예쁘게 부치는 데는 상당한 솜씨가 필요하고 기구도 좋고 숙련도가 있어야 모양이 제대로 나온다. 그러니 보통은 망치기도 쉽다. 그 '전병 망친 것'을 뜻하는 솜씨 없음이 '젬병'이 된 것이다.

'지루하다'란 말도 '지리(支離)하다'가 변한 말로 이렇게 변한 것은 그리 오래되지 않았다. '지리하다'는 '갈래가 여럿이라 갈피를 잡을 수 없다'가 본래 뜻이다. 꼬이고 얽히고설킨 것이 아주 복잡하다는 이야기이다. 이렇게 복잡한 것을 풀려면 어지간한 인내심이 없이는 불가능하다. 그래서 지금은 '같은 상태가 오래 계속되어 따분하다'라는 뜻으로 바뀌었다.

속된 말로 '명령이나 지시를 따르지 않고 버티거나 반항하는 것'을 '개기다'라고 한다. '개기다'의 원형은 '개개다'이고, 그 뜻은 '맞닿아 해지거나 닳다'이다. 기본적인 뜻은 변하지 않았지만 활용은 전혀 다르다. '개개다'는 맞닿은 쌍방이 모두 원인이고 결과도 동일하나 '개기다'는 일방적인 행태이다. '닦달'이란 말도 있다. 본디 '닦고 다듬질하다'라는 의미를 지닌 말인데, 지금은 거의 '몰아세우다'란 뜻으로만 쓰인다. 이렇게 언어는 변해가는 것이다.

예전에 무명이나 삼베 또는 모시옷을 입을 때는 풀을 먹여 빳빳하게 해서 입었는데, 이런 풀 먹인 옷을 '괄괄하다'라고 표현했다. 이제는 풀을 먹인 옷을 입지 않지만 이 말은 사라지지 않아 억센 성품을 '괄괄하다'라고 한다. 예전에는 강이나 개울을 나룻배를 타고 건넜다. 그럴 때 물이 깊지 않은 곳은 긴 막대로 강바닥을 밀며 가는 것이 노를 젓는 것보다 힘도 덜 들고 효율적이었다. 이런 긴 막대를 가리켜 '삿대'라 하고, 사공이 삿대를 움직이는 것을 '삿대질'이라 한다. 지금은 나룻배도 삿대도 거의 다 사라졌지만 서로 싸우며 손가락으로 상대를 내지르는 듯한 '삿대질'은 여태 남아 있다.

재미와 맛과 멋

'~없다'의 형식으로 된 말은 너무 많다. 반면에 '~있다'의 형식으로 된 말은 많지 않기에 별로 주목받지 못한다. '~있다'의 수효가 적은 것은 긍정이 부정보다 관심을 끌지 못하기 때문일 것이다. 그렇지만 몇 안 되는 '~있다' 형식의 용언의 경우 수많은 '~없다'의 용언보다 사용 빈도가 그다지 떨어지지 않는다. 우선 '재미있다', '맛있다', '멋있다' 세 가지만 가지고도 그 많은 '~없다'의 용례들과 대적할 수 있다. 일단 이 세 가지만 갖추어도 세상살이는 흡족하지 않겠는가. 세상은 늘 긍정과 부정이 비슷한 정도로 뒤섞여 있고, 말은 세상의 세태를 반영하기 때문에 그런 것일 터이다. 또 '부정적인 것들은 여럿이지만 긍정적인 것은 단순하다'라는 의미일는지도 모른다.

그렇지만 사전에 '~있다' 형태의 단어가 적다고 해서 실제 활용에서도 적은 것은 아니다. '~있다' 형태의 말은 대부분 '무엇이 있다'란 뜻에서 용언이 되는 경우가 많다. '재미있다'는 사실 '재미가 있다'에서 주격 조사가 생략된 것이 하나의 용언으로 쓰인다. 이런 형식으로 무한하게 단어를 만들어 쓸 수 있을 것 같고, 실제로도 '용기 있다', '재력 있다', '마음 있다'와 같이 많은 용례가 있지만 이것들은 여전히 한 단어로 인정받진 못한다. 지금 사전에서 '~있다'의 형식으로 된 용언으로 인정받는 단어 가운데에 일상적으로 쓰이는 것은 '가만있다', '값있다', '뜻있다' 정도이다.

그런데 가장 많이 쓰는 '재미있다', '맛있다', '멋있다' 세 단어가 원래 같은 뜻에서 나왔다는 점이 눈에 띈다. 먼저 '재미'는 한자어 '자미(滋味)'의 발음이 변한 것이다. 우리가 지금은 '재미'를 맛과는 무관한 즐거움이나 성과, 보람과 같은 것을 뜻하는 말로 쓰지만 원래는 '맛'을 뜻하는 말이었다. 앞에 붙은 '자(滋)'는 본디 실을 뽑아 염색하는 일을 이르는 글자였다. 실을 고운 빛깔로 염색하면 때깔이 좋아진다. 우리가 사람이나 식물에게 주는 좋은 영양분을 다른 말로 '자양분(滋養分)'이라 한다. 좋은 영양분을 먹이면 때깔이 좋아지기에 그렇다.

그러나 음식 맛은 사실 입으로만 느끼는 것이 아니다. 일단 먹음직스러운 모양과 향기로운 냄새로 시각과 후각을 자극하는 것도 중요하다. 그러니 '자미'란 '때깔 좋은 맛'이라 할 수 있고, 맛이란 복합적인 것이라는 뜻도 전달한다. 인간이 느끼는 즐거움은 그 종류가 여러 가지이다. 귀, 눈, 코 등의 감각기관이 즐거운 것도 있고, 어떤 일을 이루어 성취하는 즐거움도 있고, 또 가까운 사람들과 어울리는 즐거움도 있다. 이 모든 즐거움이 사람의 본성과 직접 관련된 것들이지만 그 가운데에 가장 으뜸은 음식 맛을 누리는 즐거움이다. 모든 즐거운 행사에 진수성찬을 차려낸 잔치가 빠지지 않는 이유이다. 그러므로 '자미'가 '재미'로 바뀌면서 세상 모든 즐거움을 포괄하는 것이 어색하지 않다.

지금은 '미각'을 뜻하는 '맛'과 '차림새나 행동이 좋음'을 뜻하는 '멋'의 의미 차이가 확실해서 이 둘을 비슷한 말로 여기지 않지만 원래 이 두 단어는 같은 어원에서 출발했다. 곧 '멋'은 '맛'의 양성모음이 음성모음으로 교체된 형태이다. 마치 '머리'가 모음교체를 통해 동물을 세는 단위인 '마리'가 된 것과 같은 방식이다. 이처럼 '멋'에서 '맛'이 나왔을 수도 있겠지만 원초적인 식욕과 관련된 '맛'이 우리에게 더 가깝고, 냄새를 '맡다'가 '맛'과 같은 어원에서 나왔다는 것은

'멋'보다는 '맛'이 먼저일 것이라는 사실을 짐작하게 한다.

사실 '맛'에도 '멋'의 요소가 없지 않다. '멋진 맛'이라는 조어가 가능하고, 좋은 맛은 멋진 재료와 솜씨에서 나오는 것이기 때문이다. 그렇지만 '맛'은 미각과 후각에, '멋'은 시각과 움직임에 특화된 어휘란 점에서 다르다. '맛'이 '멋'으로 바뀌면서 '때깔 좋고, 입에 맞는'이란 뜻에서 '때깔과 모양'으로 뜻이 옮겨간 셈이다. 한번 떠나간 뜻은 자신의 방식대로 진화한다. 지금은 '멋'과 '맛'이 같다고 생각하는 사람이 없을 정도로 둘 사이의 의미는 멀어졌다.

'재미', '맛', '멋'이 모두 같은 뜻이었다는 사실은 인간의 삶이 본디 그리 복잡하지 않았다는 사실을 일깨운다. 결국 사람에게는 먹는 것이 우선이고, 또 잘 먹으려면 맛이 있어야 한다. 그런 다음에 그것이 풍족해지면 놀이나 예술로 발전해 나간다. 어찌 보면 재미와 맛과 멋이 우리 인생과 행복의 거의 전부일 수 있다. 그래서 숱한 '~없다'란 말이 있어도 '재미있다', '맛있다', '멋있다'의 쓰임을 이겨내지 못하는 것 같기도 하다.

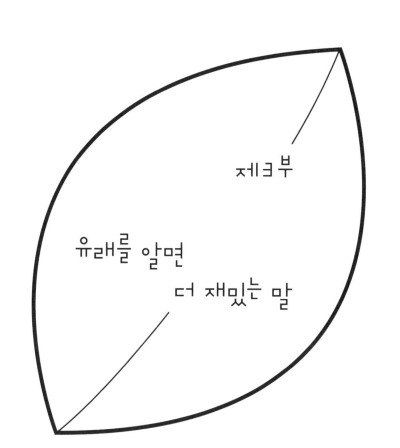

제3부

유래를 알면
더 재밌는 말

닭과 꿩을 닮은 식물들

기암괴석이 많은 관광지에 가면 바위 이름에 동물이 많이 나온다. 독수리, 물개, 표범도 있고 소나 코끼리도 있다. 형태에 비슷한 모습이 보인다고 붙인 이름인데, 어떤 것은 억지로 붙이지 않았나 싶은 것들도 있다. 여하튼 예전부터 주위에서 볼 수 있는 친근한 동물은 여기저기 이름을 붙일 때 활용했다. 식물의 이름에도 동물의 흔적이 자욱하게 남아 있다. 대개는 유사한 형태 때문에 붙은 이름이지만 이 때문에 더 친근하게 여기기도 한다.

'매발톱'은 꽃 뒤쪽 긴 뿔이 매의 발톱을 닮았다 해서 얻은 이름이고, '제비꽃'은 꽃 모양이 제비를 닮았다고 해서 붙여진 이름이다. 그러고 보면 식물의 이름에 새 이름이 전용된 것이 많다. 우리와 가장 친근한 조류라 하면 역시 꿩과 닭이다. 닭은 키워서 달걀과 고기를 얻는 가금이고, 꿩은 기르기가 쉽지는 않지만 많이 볼 수 있고 잘 날지 못해 잡기도 어렵지 않았다. 그래서인지 꿩과 닭은 풀이름에 다른 새보다도 많이 나온다.

지금이야 야생에서 자라는 꿩을 못 본 사람이 꽤 있을 터이니 둘 중에서는 닭이 훨씬 익숙하겠지만 예전에는 꿩도 아주 흔히 볼 수 있는 새였다. 야생이라 하지만 동네 주변에서 꿩을 볼 수 있는 기회가 오히려 지금의 까치를 보는 경우보다 많았다. 그러니 꿩의 특성도 잘 알았을 것이다. 바람꽃 가운데 '꿩의바람꽃'이란 것이 있는데 꿩의 뒤태와 닮았기에 그런 이름이 붙었다고 한다. 어떤 식물에서 꿩의 뒤태까지 느낄 수 있을 정도였다면 꿩이 얼마나 익숙했기에 그랬을까 싶다. 언뜻언뜻 꿩을 보아온 나로서는 도저히 짐작조차 하지 못할 세계가 아닐 수 없다.

'꿩의다리'라는 식물도 있다. 이름의 유래는 꿩의 다리처럼 줄기가 가늘다 해서 그리 불렀다고 한다. 이 유래를 듣고 꿩의 다리가 정말 가는가 하고 생각해봤다. 아마도 몸체가 다른 새에 비해 뚱뚱해서 다리가 상대적으로 가늘다고 느끼지 않았나 싶다. '꿩의다리'란 식물 이름 앞에 '참', '좀', '금', '은'이란 접두사가 붙기도 한다. '참'이란 '제일 순수하다'라는 뜻으로 '참꿩의다리'는 보라색 꽃이 핀다. '좀꿩의다리'는 작은 꽃이, '금꿩의다리'는 노란 꽃이, '은꿩의다리'는 하얀 꽃이 핀다는 것을 이름만 보아도 짐작할 수 있다. '꿩의다리아재비'란 이름의 식물도 있다. 여기서 '아재비'란 '비슷한 것'이란 뜻을 지닌다. 그러니 '꿩의다리'와 비슷하나 종은 다른 풀이다.

꿩이 우리와 얼마나 친근한지는 암컷, 수컷, 새끼를 이르는 말이 따로 있다는 걸 보면 알 수 있다. 꿩의 수컷은 '장끼'이고, 암컷은 '까투리', 새끼는 '꺼병이'이다. 이름만 따로 있는 게 아니라 암수에 따른 성격을 의인화하기도 한다. 이를테면 '경기까투리'란 '지나치게 약고 되바라진 여인'을 뜻한다. 이는 장끼한테 구애받으며 도도하게 구는 까투리를 의인화한 표현이다. 〈장끼전〉에 나오는 장끼는 고집이 세서 말을 듣지 않고 죽으면서도 아내 까투리에게는 개가하지 말라고 하는 미련스럽고 이기적인 남성의 품성을 의인화하여 표현한다. 또한 못생기고 모자란 새끼 꺼병이는 '꺼벙이'로 변해 그런 품성을 의인화한다.

꿩의 모습을 투영한 풀들도 이렇게 많은데, 그보다 더 친근한 닭은 말할 것도 없다. 닭의 가장 큰 특징은 볏 달린 수탉의 머리이다. 주로 열매와 꽃이 이런 특징을 조금이라도

갖추고 있으면 이름에 '닭'이 포함된다. '닭의덩굴'과 '닭의
난초'가 그렇다. '닭의덩굴'은 앞에 '큰'과 '애기'란 접두사가
덧붙은 이름도 있다. '닭의난초'는 황갈색 꽃이나, 꽃 색깔이
녹색인 것은 '청닭의난초', 흰색은 '흰닭의난초'이다.

닭과 관련된 흔한 식물로는 '닭의장풀'과 '맨드라미'가 있
다. '닭의장풀'은 습기가 많은 땅에서 흔히 볼 수 있는 풀이
다. 생명력이 강한 풀이라 제거하기 힘들지만 파란색 꽃잎
두 장은 아름답다. '닭의장풀' 이름의 유래는 두 가지이다.
닭장 근처에서 많이 볼 수 있는 풀이라는 얘기와 닭의 창자
처럼 줄기가 구불구불해서 그런 이름이 붙었다고 하는데 둘
다 믿음직스러운 해석은 아니다. 꽃잎 두 장은 닭의 볏하고
다르기는 하지만 전체적으론 닭 머리 느낌과 통하는 것이 있
다. '닭의장풀'은 '달개비'란 다른 이름으로 부르기도 한다.

닭과 닮은 식물이라 하면 그 어떤 것보다 많이 닮은 화초
가 있다. 맨드라미이다. 이 꽃은 누구나 처음 봐도 수탉의 볏
을 연상시킨다. 그런데 우리 이름은 닭의 볏과는 상관없는
'맨드라미'이다. 하지만 지역어에 '달구베슬', '닭벼슬꽃',
'볏꽃'과 같은 닭의 볏과 관련된 이름이 남아 있는 걸 봐서는
우리도 볏과 연관해서 생각했음이 분명하다. 그렇다면 '맨드

라미'는 어디서 왔을까. 그 유래는 고려 때부터 있었던 '만다라화'라는 말에서 찾을 수 있다. 맨드라미는 남아시아로부터 전래됐고, '만다라'가 밀교에서 '불교의 법계'를 상징하는 그림이며, 꽃이 위로 퍼진 모습을 떠올리면 그 이름의 유래가 '만다라화'에서 시작되었음이 분명한 것 같다. 그것이 나중에 '만도람이'로 음이 변했다가 '맨드라미'가 되었을 것이다. 아마도 '닭벼슬꽃'과의 이름 싸움을 거쳐 최종 승리자가 되었을 터이다.

배다리, 널다리, 섶다리

땅 이름에 영향을 주는 것은 산이나 내, 들과 같은 자연적인 특징만이 아니다. 인간의 활동으로 이루어진 건물이나 장소 또한 많은 지명의 유래가 되었다. 그 가운데 다리 이름도 빠지지 않는다. 서울 청계천 주변의 '광교'나 '무교동', '수표동'이 바로 그 사례이다. 어떤 다리가 있으면 그것이 그 동네의 상징처럼 되는 것은 어쩌면 당연한 일이다.

지금이야 기술이 발전해 손쉽게 다리를 놓지만 예전에는 그렇지 못했다. 가장 튼튼하고 좋은 돌다리인 석교(石橋)는 그야말로 도성의 중심가나 간선도로 정도에나 놓이고 규모도 그리 크지 못했다. 조선 시대에 세워진 다리 중 가장 길다는 살곶이다리는 80미터가 채 되지 못한다. '살곶이'란 이름은 이성계가 자신을 마중 나온 이방원에게 화살을 쏘았는데 그것이 땅에 꽂혔다 해서 유래한 이름이다. 물론 그때는 이 돌다리가 없을 때였다.

근대 이전에는 큰 강을 만나면 길을 이어주는 방법이 나룻배밖에 없었다. 작은 개울들은 나룻배로 건너기 어려우니 징검다리를 놓아 길을 이었는데, 이때 돌 대신 나무판자로 만든 다리가 '널다리'이다. 널다리는 제대로 된 다리 가운데 그나마 만들기 쉬운 다리였기에 우리나라는 물론이고 이웃 중국과 일본에도 많았다. '널다리'를 한자로 쓰면 '판교(板橋)'인데, 이 지명을 쓰는 곳이 경기도에도 있고, 충남 서천에도 있다. 일본 도쿄에도 '이타바시구(板橋區)'가 있고, 대만의 타이베이 근교에도 '반차오시(板橋市)'가 있다.

그래도 널다리쯤 되면 그나마 나은 형태일 수 있다. 서울 마포구에 서교동과 동교동이 나란히 붙어 있는데, 이곳 길 이름 중에 '잔다리로'가 있다. 틀림없이 다리가 지명을 만든 것일 터이다. 동교동에는 윗잔다리가 있었고, 서교동에는 아랫잔다리가 있었다. '잔다리'의 '잔'은 '잘다'라는 의미로 '작은 다리'라는 뜻이다. 이보다 못한 형태로 나무판자 하나만 양쪽에 얹은 모양의 다리는 '쪽다리'라 불렸다.

다리 가운데에는 영구적이지는 않지만 임시로 그 역할을 할 수 있게 하는 것도 있다. 가령 '배다리'가 그것인데 강에 배를 여럿 띄운 후 밧줄로 묶어 이어놓고 그 위에 판자 같은 상판을 깔고 건너는 방법이다. 똑같은 배를 여러 척 만들어 높이를 맞춰야 하고, 다리를 고정하는 데 상당한 기술이 필요하지만 임시로 큰 다리를 만들 수 있는 장점이 있다. 다만 고정 다리로 쓰기에는 늘 배를 보수하거나 교체해야 하고 홍수가 나기 전에 미리 배를 회수하여 피해를 줄여야 한다. 신경 쓸 일이 많은 임시 다리이다.

이런 장단점이 있지만 꽤 많은 곳에서 이 배다리를 이용했다. 특히 세자였던 아버지를 비명에 보내고 왕위에 오른 정조는 아버지의 묘소를 찾아뵙기 위해 수원에 화성과 행궁을 짓고 행차했는데, 이때 한강을 건너는 방법으로 배다리를 이용했다. 임금의 행차란 어마어마하기에 나룻배로는 도저히 감당할 수 없었기 때문이다. 그래서 노량진까지 배다리를 설치하고 건넜는데, 이 배다리를 운영하기 위해 '주교사(舟橋司)'라는 관청을 신설했다. 이 주교사가 있던 곳이 지금의 서울 중구 주교동이다.

그러니까 배다리가 있었던 곳에는 '주교(舟橋)'란 이름이 붙는다. 고양시 주교동도 그렇고, 충남 보령시에는 주교면이 있다. 평택에는 행정 지명으로는 없어도 저수지, 생태공원, 초등학교와 중학교, 도서관 이름에 '배다리'가 붙는다. 평택

이야말로 예전에는 바닷물도 드나들며 호수와 습지가 많던 곳이라 배다리가 유용했을 것이다.

배다리 말고도 임시변통으로 쓰이던 다리가 있다. '섶다리'라고 들어봤는가? 아니, 먼저 '섶'이 무엇인지 아는가? '섶을 지고 불로 들어가려 한다'란 말이 있다. 그러니 '섶'은 '땔나무'를 뜻하는 것인데 비교적 자잘한 가지로 이루어진 묶음을 이른다. 그런데 어찌 이것이 다리가 될 수 있는가? 얕은 개울이라면 섶을 던져두고 이를 다리 삼아 건널 수 있었다. 이것이 '섶다리'인 셈이다.

충남 예산군에는 삽교읍(揷橋邑)이 있고 여기에 삽교천이 흐른다. 금세 이 지명은 '섶'이 '삽'으로 변한 것이며 이곳에 섶다리가 있었음을 짐작할 수 있을 것이다. 삽교천 건너의 마을에서 시집온 새댁이 친정어머니가 돌아가셨는데 개울을 건너지 못해 집에 가지 못하자 마을 사람들이 개울에 섶을 던져 건너게 했다는 이야기가 있다. 흥선대원군이 아버지인 남연군의 묘를 만들 때 물을 건너려 섶다리를 만들었다는 이야기도 있다. 이 이야기들은 '삽교'라는 이름에서 추정하여 나중에 만든 이야기이기 쉽다. 다만 여기에 섶다리가 있고, 그것이 지명으로 이어졌다는 것은 대체로 타당한 해석

같다. 이것 외에도 많은 인공물들이 지명에 영향을 준다. 이를테면 예전에 향교(鄕校)가 있던 동네의 이름은 거의 '교동'이다. 이때 '교'는 '다리 교(橋)'가 아닌 '학교 교(校)'이다. 이것이 그 수많은 '교동'의 유래이다. 지명은 온갖 자연물과 인공물에 대한 유래들이 녹아 있는 귀중한 자산이다.

물고기 이름 ① : 오징어, 고등어

'고등어', '갈치', '꽁치', '오징어' 등 바다에서 사는 물고기 이름은 다양하다. 여러 이름이 있다는 것은 물고기를 구분하고 부를 이름이 필요했다는 것이고, 그 이름은 여러 방식으로 붙여졌다. 지금은 물고기 이름이 대체로 통일된 편이지만 여전히 지역마다 다른 이름으로 부르는 것들도 많다. 아무 생각 없이 물고기 이름을 부르는 것보다 이름의 유래를 알고 부르면 밥상 위의 물고기가 더욱 맛있고 재밌어진다. 물론 생선을 싫어하는 사람은 예외로 치자.

우선 물고기 이름에 붙은 '치'와 '어'의 차이가 있다. 혹자는 이 구별이 비늘이 없거나 있는지의 차이라거나 상민이 먹는지 양반이 먹는지의 차이라고 말한다. 그렇지만 고등어가 조기 같은 비늘이 있는 것도 아니고, 갈치도 비늘 형태는 다를 뿐이지 없다고 할 수는 없다. 더군다나 오징어는 비늘이 아예 없고, 문어는 제사상에도 올라가는데 어찌 비늘의 유무와 먹는 사람의 신분에 따라 '어'와 '치'가 나누어질 수 있겠는가?

오징어 이야기가 나온 김에 한 가지 말하자면, 지금 어물전에서 오징어라며 파는 것은 생물분류학으로 따져도 오징어가 아닌 꼴뚜기의 한 종류이다. 아마도 결국 이 가짜들이 '오징어'란 이름을 차지하겠지만 원래 진짜 오징어인 '갑오징어'는 이름 앞에 '갑'을 하나 얹고 있어야 하는 운명이다. 우리가 지금 '오징어'라 부르는 것의 원래 이름은 '피둥어꼴뚜기', 곧 꼴뚜기의 한 종류이다.

정약전의 〈자산어보(玆山魚譜)〉에는 '오징어'라는 이름이 한자의 '오적(烏賊)'에서 나온 것임을 옛 책을 인용해 이야기하고 있다. 곧 오징어가 바다에서 죽은 척하여 까마귀를 유인해 잡아먹는 데서 유래한 이름이라는 것이다. 물론 이것은 '갑오징어'를 뜻한다.

문어는 오징어만큼이나 친근한 연체동물인데, 그 이름에 '글월 문(文)'이 들어간 것은 대가리가 사람같이 생겨 글(文)을 알게 생겼고, 안에 먹물까지 있어 더욱 그렇다는 데서 왔다. 속설 같은 유래이기는 하나 일본에서도 같은 한자를 쓰고, 중국에서도 '글 장(章)'을 써서 이름을 부르는 것을 보면 그냥 속설이라 여길 것만은 아니라는 생각도 든다.

물고기 이름을 붙이는 데는 물고기 외형의 특징이 가장 중요한 듯하다. 이를테면 '대구(大口)'란 생선은 이름처럼 입이 정말 크다. 물론 그놈보다 입이 더 큰 것도 있는데, 아예 이름이 '아귀'이다. '아귀'의 원래 뜻이 '입'이다. 이 물고기의 외모를 보면 입이 너무 커서 그것밖에 보이지 않으니 이름을 아예 '입'이라 지은 셈이다.

'갈치'의 경우 물고기 모습을 보면 누구나 연상하는 것이 칼이다. 길고 늘씬한 몸매에 금속성을 상징하는 은빛으로 빛나니 당연한 일이다. 그런데 왜 '칼치'라고 하지 않고 '갈치'가 되었냐면 '칼'의 옛말이 '갈'이었기 때문이다. 게다가 요즘도 경상도와 강원도에서는 '칼치'가 우세한 발음이다.

'고등어'도 옆모습을 보면 얼른 칼이 떠오른다. 이 물고기는 미끈한 장군의 칼이 아닌 무쇠 부엌칼처럼 칼 윗부분은 검고 아랫부분은 희다. 정약전은 〈자산어보〉에서 이를 '벽문어(碧紋魚)'라고 하며, 속명은 '고등어(皐登魚)' 또는 '고도어(高刀魚, 高道魚, 古刀魚)'라 한다고 했다. '벽문어'란 고등어 등에 검은 바탕에 푸른 무늬가 있기 때문이다. 한자로 된 이름 가운데 '고도어(古刀魚)'가 가장 생김새하고 어울릴 것 같은

데, 다른 한자가 있는 것으로 보아 모양 때문에 그런 이름이 붙었는지는 알 수 없다. 이렇게 연관성 없는 한자가 있다는 것은 대체로 우리말이 한자어에 우선했기 때문일 가능성이 크다. 지금도 '고등어 새끼'를 '고도리'라 부르고 있지만 예전에는 '고도리'가 성어나 새끼를 모두 부르는 이름이었고, 한자 발음을 '고도어'라 많이 표현한 것을 보면 어근은 대략 '고돌'인 것 같다. 이것이 물고기 '어(魚)'와 결합하여 '고등어'가 되지 않았을까 짐작한다. 그러나 '고돌'의 원래 의미가 무엇이었는지를 모르니 여전히 수수께끼 같은 이름이다.

'오적어'나 '고도어'가 '오징어'와 '고등어'로 변한 것을 보면 분명 어떤 법칙이 있다는 것을 느낄 수 있다. 그렇지 않고서는 물고기를 뜻하는 말에 붙은 수많은 'ㅇ'을 설명할 수 없다. 이런 음운의 원인은 알고 보면 아주 간단하다. '어(魚)'의 발음이 중세어의 '옛이응' 또는 '꼭지이응'이라 부르는 것이라 〔ŋ〕하는 발음이 포함된 글자이기 때문이다. 그래서 이 '어'가 앞에 붙은 말에 영향을 주어서 앞의 글자 받침에 〔ŋ〕 발음을 더한 것이다. '오징어'의 '어(魚)'는 앞 글자 '적(賊)'의 종성 발음을 바꾸고 모음까지 변하게 했다. '고도어'의 '어(魚)'는 또한 〔ŋ〕 발음을 추가시키고 모음도 변화시켰다.

물고기 이름 ②: 붕어, 잉어, 상어

옛이응(혹은 꼭지이응) 발음을 지닌 '어(魚)'가 붙은 물고기 이름에 'ㅇ'이 추가된 사례는 아주 흔하다. 가령 '상어'는 한자 '사어(鯊魚)'에서 나온 단어인데 '어(魚)'의 〔ŋ〕 발음이 앞 글자로 가서 '상어'가 된 것이다. 이렇게 물고기 이름에 'ㅇ'이 추가된 대표적인 예가 민물고기인 '붕어'와 '잉어'이다.

'붕어'는 민물고기 가운데에 가장 익숙한 이름이다. 물론 바다를 접하기 힘든 내륙 사람들이 흔히 접하는 물고기이기도 했다. 게다가 '붕어'라 하면 어딘지 모르게 토박이말 같은 정다움이 있다. 하지만 붕어는 '부어(鮒魚)'라는 한자 이름이 있고, 이것이 '고등어'와 마찬가지 이치로 '붕어'가 된 것이다. '잉어'도 다르지 않다. '잉어'의 한자어는 '리어(鯉魚)'이고, 이것이 두음법칙으로 '이어'로 읽히고, 같은 방식으로 '잉어'가 되었을 따름이다.

어디 이것뿐이겠는가. 우리가 '뱅어'라 부르는 물고기는

'백어(白魚)'에서 비롯된 것으로 '오징어'와 마찬가지로 'ㄱ'이 탈락하고 'ㅇ'이 붙은 것이다. 여름에 많이 잡히는 '숭어'는 본디 그 자태의 빼어남으로 '수어(秀魚)'란 이름을 얻었는데, 이를 '숭어'로 부르게 된 다음에는 더욱 고상한 '숭상할 숭(崇)'으로 바뀌어 '숭어(崇魚)'라는 더욱 고귀하게 표현된 한자 이름을 갖게 되었다. 늠름한 자태와 뛰어난 맛을 지닌 '농어'란 물고기도 '노어(鱸魚)'라는 수수한 이름에서 나온 것이다. '노어'와 '농어'는 느낌이 많이 다른 것 같다. 식탁에 자주 오르는 '병어'는 그 편편한 생김새 때문에 '편어(鯿魚)'였으나 'ㄴ'과 'ㅇ'이 싸워 'ㅇ'이 이겨 '병어'가 되었다.

봄철 바다에서 강으로 올라오는 '웅어'라는 물고기가 있다. 아주 맛이 좋아 임금 수라상에 올랐던 물고기인데, 요즘은 직접 잡지 않는다면 보기 힘든 물고기이다. 봄철 갈대가 있는 얕은 물에 알을 낳기에 '갈대 위(葦)'를 써서 '위어'라 했다. 이 역시 '어' 때문에 앞 글자 받침에 'ㅇ'이 붙고, 'ㅣ'가 탈락하여 '웅어'가 되었다. 그렇지만 '전어(鱣魚)'의 경우에는 'ㄴ'이 옛이응을 막아 그대로 '전어'라 부른다.

물론 물고기 이름에서 '어' 앞의 글자에 이미 'ㅇ'이 포함된 이름이라면 'ㅇ'을 더할 필요가 없다. 이런 물고기도 상당히 많아서 '방어(魴魚)', '장어(鱆魚)', '빙어(氷魚)', '송어(松魚)', '청어(靑魚)', '홍어(洪魚)', 넙치의 다른 이름인 '광어(廣魚)'가 그렇다. '넙치'의 '넙'은 '넓다'에서 온 것이고, '광어'에서 '광(廣)'의 훈은 '넓을'이니 '넙치'와 '광어'는 뜻에서 정확하게 대응하는 단어이다.

물론 이름에 '어'가 붙은 물고기 가운데에도 한자를 모르는 것들이 있다. '복어'가 대표적인데 보통은 '복 복(福)'이나 '배 복(腹)'이라 생각하지만 무슨 한자를 쓰는지 모른다. 중국어에서는 복어를 '강의 돼지'란 뜻의 '허둔(河豚)'이라 부르고, 일본에서는 중국어와 같은 한자 발음으로 '후쿠'라 한다. 우리도 '하돈'이란 말로 복어를 지칭하기도 했지만 지금은 '복', 또는 '복어'로 통일되었다.

'다랑어'란 물고기 이름도 어떤 한자를 쓰는지 모른다. 또한 '전광어'라는 물고기 이름도 있고 '전갱이'란 생선도 있는데, 이 둘이 어떤 상관성은 있는 것 같지만 어떤 한자를 쓰는지 모르고 당연히 이름의 유래도 모른다. 글이 세상의 삼라만상을 두루 포괄할 수는 없겠지만 여하튼 물고기의 종류와 한자와 우리말 이름을 정확히 일치시키기 어려웠던 환경이었을 것이다. 그런 면에서 정약전이 흑산도에서 〈자산어보〉

를 쓴 것은 대단한 업적이 아닐 수 없다.

물고기 같지 않은 이름을 단 것도 가끔 있다. 가령 '임연수'와 '도루묵'이 그렇다. '임연수'는 연음하여 '이면수'라 부르기도 하고, 사전에는 '임연수어'라고 해서 '어(魚)'가 붙어 있다. 이 이름의 유래 중에서 가장 유명한 것은 함경도 길주에 사는 임연수란 어부가 이 물고기를 잘 낚았다 해서 '임연수어'라 했다는 것이다. 또한 '도루묵'이란 생선도 있다. 이것은 임금이 피난을 가다 '목어'란 생선을 맛봤는데 너무 맛있어서 '은어'라 부르라고 했다가 피난을 다녀와 다시 먹었더니 맛이 없어서 도로 '목'이라 부르라 하여 '도루묵'이 되었다는 이야기이다. 이런 이야기는 재밌어서 귀에 쏙쏙 들어온다. 게다가 옛 문헌에 기록된 출전이 있기에 믿음직하다. 하지만 '임연수'는 '임연수(臨淵水)'로 기록된 것도 있고, 앞서 설명한 유래가 민간 어원을 옮긴 것일 수도 있기에 확실한 이야기는 아니다. 하지만 모든 일이 꼭 이치에 맞아야 하는 것이 아니라 어떤 예외가 좀 있어야 즐겁지 아니한가.

물고기 이름 ③: 조기와 굴비, 명태와 북어

우리나라 사람들이 가장 좋아하는 바닷물고기 둘을 꼽으라 하면 단연코 조기와 명태이다. 이 둘은 부르는 이름도 여러 가지이다. 곧 말린 것도 따로 이름이 있을뿐더러 상태에 따라 달리 부르기도 한다. 특히 조기는 오랫동안 우리 밥상에 오른 대표적인 물고기로 조기로 포괄되는 종류도 많아서 '참조기', '부세', '흑조기' 등도 모두 '조기'로 통칭하고 소금에 절여 말린 것은 '굴비'라 부른다.

조기의 옛 이름은 문헌에서는 머리에 돌처럼 생긴 것이 있다는 특징에서 연유한 '석수어(石首魚)'가 주로 등장한다. '조기(助氣, 曹機)'와 '추수어'나 '면어' 같은 이름은 일반적으로 부르는 말이었다. 또 크기에 따라 가장 큰 것은 '보구치', 중간 것은 '반애', 가장 작은 것은 '황석어'라 불렀다. 이렇게 보면 조기만큼 다양한 이름으로 불린 생선도 없다. 그러나 몇몇 이름을 빼고는 그 유래를 짐작하기가 어렵다. 이렇게 이름이 많다는 것은 사람들이 가장 좋아하는 생선이어서 많이 먹었다는 의미이기도 하고, 또 잡히는 어장의 범위도 상당히 넓었음을 뜻한다.

'굴비(屈非)'라는 이름의 유래로 고려의 이자겸이 말린 조기를 가지고 영광으로 귀양을 가면서 '뜻을 굽히지 않겠다'라는 의미로 지었다는 이야기도 있다. 하지만 '조기'란 이름이 한자 뜻인 '기를 돕는 것'과 무관하듯이, 이 역시 한자에 기대어 덧붙인 이야기일 것이다. 염장하여 말린 조기인 '굴비'의 어원은 잘 모르지만 '조기'는 '종(鯼)'이란 글자에서 유래했다고 보기도 한다. '조기'를 한자로 표기할 때는 '석수어'와 '황어(黃魚)'를 쓰지만 종의 이름을 표기하는 한자가 따로 하나 있는 것이다. 무슨 까닭인지 여기에는 '어(魚)'를 붙이지 않았다. 대신 명사형 접사 '이'가 붙고 모음 충돌 때문에 '조기'가 되었다는 것이다. 확실한 증거는 없지만 가장 그럴듯한 유래 설명이다.

명태(明太)는 조기보다 늦은 시기인 조선 중기 이후에 먹기 시작했지만 훨씬 더 대중적인 생선이 되었다. 명태를 비교적 늦은 시기에 먹게 된 것은 깊은 바다에서 잡히기에 이전에는 어업 기술이 부족했거나 아니면 자연의 변화로 일정 시기에

개체수가 늘어났기 때문일 수도 있다. 명태는 대구와 비슷하게 생겼지만 그보다 작은 종으로 '북쪽 바다에서 주로 잡힌 물고기'라는 뜻에서 '북어(北魚)'라 부르기도 했는데, 이제 '북어'는 '말린 명태'를 뜻하는 말이 되었다.

　'명태'라는 이름은 명천(明川)의 태(太)씨 성을 지닌 어부가 잡았다 해서 붙여졌다는 이야기가 있다. 하지만 '태'를 '태 (鮐)'로 표기하기도 하고, 중국어의 한자 표기도 같은 한자를 쓰는 것을 보면, 이는 그저 이름을 보고 지어낸 이야기 같다. 명태는 조기와 달리 한 종의 생선인데도 부르는 이름이 무척 많다. 이름이 많은 것은 여러 가지 방식으로 가공해 즐길 만큼 아주 친근한 생선이었다는 뜻이기도 하다.

　우선 명태의 상태에 따라 생물이면 '생태(生太)', 신선한 것이면 '선태(鮮太)', 꽁꽁 얼린 것은 '동태(凍太)'라 했다. 특히 겨울철에 잡아 꽁꽁 언 동태는 먼 거리까지 운송해 먹을 수 있었기에 귀중했다. 이런 방식 외에도 말려서 먹기도 했는데 내장을 빼고 아가미에 끈을 꿰어 절반 정도 말린 것을 '코다리'라 한다. '코다리'는 '코를 꿰어 달아매다'라는 뜻에서 나온 말이다. 명태를 아예 돌멩이 정도로 딱딱하게 말리면 이를 '깡태'라고 한다.

명태를 말린 북어는 겨울에 많이 잡히는 데다 그것이 잡히는 지역이 추운 곳과 가까워 동결 건조라는 특이한 방식으로 가공한다. 곧 겨우내 얼었다 녹았다 하면서 독특한 식감의 말린 생선이 된다. 이것도 여러 이름이 있으니 일반적으로 잘 마른 것은 노란 색깔이라 '황태(黃太)'라 하고, 흰 빛깔은 '백태(白太)', 말릴 때 날씨가 좋지 않아 거무스름한 것은 '먹태' 또는 '흑태(黑太)'라 한다. 말린 것조차 이름이 참 많다.

또 고등어 새끼를 '고도리'라 하듯이 명태 새끼는 '노가리'라 한다. 그런데 우리가 주로 먹던 노가리는 주로 말린 것이어서 껍질도 까고 가시도 추려내며 주로 술안주로 먹었다. 그것까지는 이상하지 않지만 속어로 '노가리를 까다'라는 말은 '그럴듯한 잡소리나 거짓말을 하다'라는 뜻이다. 왜 명태 새끼가 '거짓말'이 되었을까? 혹자는 노가리 껍질을 까면서 농을 하며 거짓말을 늘어놓아 그렇다 하고, 혹자는 노가리라 하기에도 어린 수많은 치어들이 거짓말처럼 알을 까고 나와서 그렇다고 한다. 무엇 때문에 노가리가 '잡소리나 거짓말'을 뜻하게 되었는지는 알 수 없어도 명란을 보면 한 마리가 낳은 알에서 얼마나 많은 새끼가 나올지 짐작할 수 있다. 그렇게 많은 치어들이 나와 바닷속에서 또 무수히 잡아먹힐 것이나 결국 또 노가리로 자라나서 어마어마한 군집을 만드는 것은 정말 '노가리' 같은 일이다.

알젓의 대명사 같은 명란젓은 우리만 아니라 일본도 즐겨 먹는다. 이것은 우리 명란젓이 20세기 초에 일본에 건너가 일본인들이 즐기게 된 것이다. 일본인들은 명태 살은 먹지 않고 오로지 명란젓만 먹는다. 이름도 우리 것을 가져가 멘타이코(明太子)라 부른다.

꽃, 꼬치, 꽃게, 고드름

'꽃', '곶', '곶감', '꼬치', '꽃게', '고드름'과 같은 낱말들 사이에 무슨 의미상 상관이 있을까? 기역이나 쌍기역으로 시작하고 첫음절의 모음이 'ㅗ'인 공통점은 있지만 의미상으로는 별반 공통점이 있어 보이지 않는다. 그러나 말은 한 가지에서 다른 가지로 옮겨가는 속성이 있기에, 이들 단어는 지금 쓰이는 말뜻과는 별개로 모두 한 어원에서 갈라진 것들이라 생각하고 있다.

　우선 '꽃'과 '곶'이라는 단어를 떠올려보자. 꽃은 풀이나 나무가 번식을 위해 씨앗을 맺으려 수분하기 위한 것이고, 그런 목적과는 별도로 우리는 그 아름다움에 흠뻑 빠져 꽃들을 사랑한다. '곶'은 보통 '바다 쪽으로 뾰족하게 나온 육지'를 이르는 말로 쓴다. 거기에 덧붙여 '꽃의 옛말'이나 '꼬챙이의 옛말'이라는 풀이도 나온다. 그러니 이 말들이 어떤 연관성을 지니고 있음은 짐작할 수 있다.

그렇다면 '꽃'은 어떤 식으로 '뾰족함'을 뜻하는 '곳'과 연관성을 지닐 수 있는 것인가? 아마도 꽃이 뾰족한 가지 끝에 달려서일 수도 있고, 꽃망울 끝이 뾰족하기 때문인지도 모른다. 아니면 그저 동음이의어일 수도 있다. 여하튼 '곳'과 '곶' 발음은 대개 '꽃'으로 변화했다. 지금도 '곶감'을 '꼬깜'으로 발음하는 사람이 점점 늘어가는 것을 보면 경음화는 어쩔 수 없는 방향이라는 생각이 든다.

'곶감'은 감 껍질을 벗겨 뾰족한 '꼬챙이'에 '꽂아' 말린 것이다. 그러니 '곶감'과 '꼬챙이'와 '꽂다'는 모두 같은 어원에서 나온 말이다. 하지만 이제 곶감은 꼬챙이에 꽂아 만들지 않는다. 요즘 파는 곶감은 꼭지에 실을 꿰어 곶감이 상하지 않도록 해서 말린다. 그러니 이제는 '곶감'이 아니지만 그렇다고 해서 '곶감'이란 말을 바꿀 수는 없다.

'꼬챙이'는 '곶'에 '앙이'가 더해진 말인데 '앙이'는 지팡이처럼 도구를 나타내기 위해 붙인 것이다. '꼬챙이'를 줄이면 '꼬치'가 된다. 그렇기에 이 말은 '양꼬치', '모둠꼬치'처럼 거의 음식물의 종류를 지칭하는 말이 다 되었다. 이 '꼬치'와 음이 비슷한 단어로 '고지'도 있는데 '호박고지'처럼 껍질을 벗겨 얇게 해서 말린 것을 뜻한다. '고지'도 '곶'에 명사를 만드는 '이'가 덧붙은 형태인데, 요즘 '고지'는 채반을 이용해 말리지만 이것 역시 옛날에는 꼬치에 꿰어 말려서 이런 이름이 붙었을지 모른다.

그렇다면 '꽃게'는 무엇 때문에 그런 이름이 붙었을까? 생긴 것이 꽃처럼 화사해서 그러지는 않았을 것이다. 꽃게가 못난 모습은 아니지만 꽃처럼 빼어나게 아름답지도 않다. 그 비밀은 게딱지에 있다. 꽃게의 등딱지를 보면 양옆으로 뾰족하게 나온 것이 있다. 다른 게들의 등딱지는 대개 둥글거나 밋밋한 모양이다. 이것이 꽃게의 가장 큰 특징이기에 '곳게'가 되었다가 점차 '꽃게'로 바뀌어갔다. 여하튼 '곳게'보다는 '꽃게'라는 이름이 더 좋다. 모양은 꽃 같지 않지만 맛은 봄철의 노곤함이 확 달아날 정도로 맛있지 않은가? 그래서 꽃 피는 봄이 오면 꽃게 맛이 생각난다.

한겨울 지붕에 쌓인 눈은 아무리 추워도 햇빛만 나오면 녹기 시작한다. 그렇게 녹은 물이 처마에서 마당으로 떨어지다 얼어붙은 것이 고드름이다. 이 '고드름'이란 말은 '곳'에 '얼음' 또는 '어름'이 합쳐져 생긴 말이라 한다. '곳'과 '곧'은 같이 쓰던 표현이니 결국 이것도 같은 어원에서 나온 말이라 할 수 있다. 그렇지만 이 '곳'을 '곧게'로 해석해서 '곧게 언

얼음'으로 풀이하기도 한단다. 고드름은 결코 비뚤게 달리지 않고 중력 방향으로 곧게 뻗으니 나름대로 수긍이 가는 해석이긴 하다.

그렇지만 고드름을 보고 곧다고만 생각할 수 있을까? 땅과 수직인 것보다 우선 끝이 뾰쪽한 것이 더 큰 고드름의 특징이 아닌가 하는 생각이 든다. 곧 '곳'은 '곶'과 같은 것이고, '곶'이 '꼬챙이'를 뜻하므로 끝이 뾰족한 얼음이 '고드름'이라는 해석이 더욱 마음에 든다.

그러고 보면 이 세상에는 정말 뾰족한 형태를 지닌 것들이 많은 것 같다. 그리고 뾰족한 모양을 지닌 것은 대체로 예쁘거나 맛이 좋다. 그나저나 다른 무엇보다 뾰족한 나뭇가지와 풀 꽃대에 달린 꽃이 가장 예쁘다.

김치, 짠지, 깍두기

우리나라를 대표하는 음식을 꼽으라 하면 대다수가 김치를 꼽는다. 생활이 서구화되고 음식 종류도 다양해졌으나 여전히 우리는 김치가 있어야 한다. 이제는 집에서 김치를 담그지 않고 사서 먹는 집도 많지만 여전히 김치를 식탁에 놓아야 한다. 김치는 만드는 재료도 생각보다 많고, 담그는 방법도 다양하다. 갓이나 오이, 고구마 줄기는 비교적 일상화되었고 가지, 고수, 깻잎, 콩잎, 동아, 박, 죽순, 호박까지 김치의 재료가 된다.

'김치'는 한자어 '침채(沈菜)'의 음운이 변한 말로 '김장'이 '침장(沈藏)'에서 변한 것과 같다. 그러니 '소금물에 담근 채소'란 말이다. 그렇지만 아마 한자가 들어오기 전에도 우리 땅에 김치는 있었을 것이고 당연히 토박이말로 김치를 표현하는 말도 있었다. 그리고 그 말은 지금도 여전히 쓰이고 있다. 다만 그게 '김치'를 의미한다고 의식하지 않을 뿐이다.

그 말은 바로 '디히'로 지금은 '지'라는 발음으로 변했다. '짠지', '단무지', '묵은지', '섞박지', '싱건지', '젓국지', '익은지'의 '지'가 김치임을 표시하는 말이다. 심지어 '장아찌'의 '찌'도 이 '지'가 변한 것이다. 그러니 장아찌도 김치의 한 종류란 말이다.

'지'는 꼭 김치 종류를 가리킬 때만 쓰이는 말은 아니다. '디히'는 '딯다'라는 동사형이 있고, 이는 '짓다'로 변하여 '만들다'라는 뜻으로 쓰인다. 김치만 만드는 것이 아니라 옷도 '짓는' 것이다. 김치는 보통 소금물로 절이지만 양념에 버무릴 때는 고급 소금인 젓국을 넣는다. 젓국은 종류도 다양한데 소금에 숙성된 생선 맛이 김치를 더욱 맛있게 한다. 여기서 '젓'은 소금에 '절다'에서 나온 말이다.

김치 하면 첫 번째로 배추김치를 떠올린다. 배추가 김치의 주요 재료로 쓰인 것은 그리 오래된 일이 아니다. 그것은 배추가 육종에 의해 만든 채소이고 제 씨앗을 받아 재배할 수 없는 작물이기 때문이다. 배추를 복잡한 교배 과정을 거쳐 씨앗을 만들어 재배하는 것은 다른 여느 채소보다 달고 맛있기 때문이다. 벌레들도 그 맛을 알아 배추는 유난히 병충해에 약하다. 이 배추 씨앗을 처음 만든 중국에서 그 희고 넓은 줄기 때문에 '백채(白菜)'라 불렀고 이것의 음운이 변해 '배추'가 되었다.

우리나라에서는 재료로 배추를 사용하기 이전부터 다른 재료를 이용해서 김치를 담갔다. 갓이나 깻잎과 같은 다양한 잎채소와 박과 동이 같은 열매를 재료로 이용했으나 김치 재료로 가장 많이 쓴 것은 무였다. 요즘 김치도 배추 위주로 만들기는 하나 여전히 무의 역할을 무시할 수 없다. 깍두기나 나박김치처럼 무를 재료로 하는 김치도 여전히 많고, 배추김치라 해도 무를 채 썰어 속을 만들거나 배추 사이사이에 무를 박기도 한다. 특히 김장김치는 무 없이는 어찌할 도리가 없다.

요즘 무김치의 주종이 된 '깍두기'는 방언으로는 '꼭도기' 또는 '송송이'라 부르기도 한다. 이 모두 무를 써는 방식 때문에 붙여진 이름이다. 무를 '깍둑깍둑'하게 썰었다는 말이다. 국어사전에 '깍둑썰기'는 '네모반듯한 모양으로 써는 것'이라 설명되어 있다. '깍두기'는 '어느 쪽에도 끼지 못하는 사람이나 그런 신세'를 뜻하기도 하는데, 그것은 네모나서 다른 것들과 잘 섞이지 못하는 특성을 비유한 쓰임새이다.

'나박김치'를 순박한 발음 때문에 토박이말로 아는 사람도 있는데, 이는 무를 뜻하는 한자어 '나복(蘿蔔)'의 음운이 변해서 만들어진 단어이다. '깍두기보다 얇게 썬 형태의 무김치'를 뜻한다. 나박김치를 한자어로는 '나복저(蘿蔔菹)'라 부른다. '섞박지'는 '무와 배추, 오이 등을 섞어 버무려 만들다'라는 뜻에서 생긴 이름으로 무를 중심으로 이것저것 섞어 만든 김치를 말한다.

무김치를 이야기할 때 '열무김치'와 '총각김치'를 빼놓을 수 없다. 이 둘은 뿌리만 먹는 무와 달리 이파리와 줄기까지 먹을 수 있다. 무청도 먹을 수는 있지만 그냥 먹기에는 억세기에 말려서 시래기를 만들었다가 불려 먹는다. '열무'는 보통 '어린 무'로 알고 있지만 실은 '여린 무'이다. 열무는 무와 종류가 다르다. 곧 어린 무를 먹는 것이 아니라 종류가 다른 '여린 무'인 '열무'로 김치를 담가 먹는 것이다. 열무김치는 뿌리보다 무청이 더 많다.

'총각무'는 옛날 총각이 머리를 딴 모습과 비슷하다 해서 붙은 이름이다. 무청도 부드러워 단단한 무와 조화를 이루어 미식가의 사랑을 받는 것이 이 총각김치다. 총각무는 생김새가 독특하기에 지역별로 여러 이름이 있다. 무가 알처럼 생겼다 해서 '알무' 혹은 '알타리무', 무청에 달랑 매달린 것 같다고 '달랑무' 또는 '딸랑무'라 부르기도 한다. 그러나 '총각무'만 유일하게 표준어로 인정한다. 다른 이름을 모두 버리고 꼭 그래야 할 이유가 있을까?

상추, 시금치, 가지, 참외, 호박

배추가 중국에서 들어온 '백채(白菜)'가 변한 말이듯이 지금 우리가 먹는 식재료는 우리 고유종보다 다른 곳에서 들여온 것이 많다. 그리고 그냥 재료가 되는 작물만 들여온 것이 아니라 이름까지 같이 들어온 것이기 쉽다. '상추'는 배추와 비교할 수 없을 정도로 오래된 작물로 역시 중국을 통해 들여왔다. 재배 기술이 좋았거나 기후와 토질이 맞아 그랬는지 우리 상추 씨앗은 중국으로 역수출되어 '비싼 씨앗'이라는 뜻의 '천금채(千金菜)'라는 이름을 얻었다고 한다.

'상추'는 '생채(生菜)'에서 나온 말로 이름부터 날로 쌈을 싸서 먹을 수 있는 작물임을 알 수 있다. 이것이 '상치', '상추'로 변했는데 여전히 '상치'라 부르는 지역도 있다. 그러나 한자어 이름만 있었던 것은 아니다. '부루'라는 토박이말 이름도 있었는데 '상추'에 밀려 쓰이지 않는 말이 되었다. 다만 상추의 줄기를 뜻하는 '부룻동'이란 말에만 살아남았다.

한자음이 가장 극적으로 변한 채소 이름으로는 '시금치'를 들 수 있다. 시금치는 서아시아 원산으로 뿌리에서 올라오는 줄기가 붉은색을 띠었기에 중국에서 '적근채(赤根菜)'란 이름을 얻게 되었고 이후 우리나라에도 들어왔다. 지금 중국에서는 시금치를 '파채(菠菜)'란 이름으로 부른다. 그런데 이 '적근채'가 '시금치'가 된 것이다. '적'은 천 년 전의 발음이고, '츠'가 요즘 중국어 발음이다. 그러나 16세기 어린이용 한자 공부 책인《훈몽자회(訓蒙字會)》에서 이를 '시근채'라 적었으니 우리나라에 전래될 때의 발음은 '시'에 가까웠던 것 같다.

이렇게 한자로 된 채소의 음운이 변한 것은 흔한 일이다. 그리고 음운이 변했다는 사실은 작물이 전래된 후 함께한 시간이 오래되었다는 뜻이다. '가지'는 토박이말 같지만 실제 '가자(茄子)'란 한자어가 변한 것이다. 지금 중국에서 이 작물을 지칭하는 한자도 똑같다. '가지'의 경우는 뒤의 '자'가 '지'로 변화했지만 '겨자'의 경우는 뒤의 글자는 그대로이고 본래 뜻을 품고 있는 앞 글자만 바뀌었다. 곧 '겨자'는 '개자(芥子)'가 변한 말이다. 이렇듯 음운변화는 예측하기 어렵다.

토박이말 채소 이름 가운데에는 나중에 들어온 작물이 원래 있던 것의 이름을 차지하는 경우도 있다. '오이'가 그런 셈이다. '오이'의 옛 이름인 '외'는 본디 '참외'를 뜻했는데 이제 '오이'를 의미하는 말이 되었다. 그러니 원래 '외'는 '참' 자를 하나 더 넣어 '참외'로 변신하는 수밖에 없었다. 그나마 수식어가 '참'이라서 다행이었다. 참외와 오이는 중국을 거쳐 우리나라에 들어왔지만 참외가 훨씬 일찍 들어왔다. 그런데 나중에 들어온 오이도 열매만 다르지 잎과 줄기는 참외와 거의 비슷해서 같은 이름으로 불렀다.

식용작물의 이름에는 그것이 이동해 온 경로를 포함하는 경우가 있다. '호박', '호밀', '후추' 등과 같은 이름이 그것이다. '오랑캐 호(胡)'는 중국 북부를 통해 들어온 것에 붙는다. '호떡'이 그렇고, 오이의 또 다른 이름이었던 '호과(胡瓜)'가 그렇다. 배추도 '호배추'라 부른 적이 있었고, 땅콩도 '호콩' 시절이 있었다. 지금까지 '호'가 남은 것으로 '호박', '호밀', '호도'를 들 수 있다. 서아시아 원산인 '호도'는 북쪽 경로를 따라 우리나라에 들어왔다. 또 인도 남쪽 해안이 원산인 '후추'도 원래는 '호초(胡椒)'에서 변한 말이다. 지금은 고추가 후추보다 더 많이 쓰이지만 둘 가운데 우리나라에 먼저 들어온 것은 고려 때 무역을 통해 들어온 후추였다. '고추'도 '고초(苦椒)'가 원래 발음으로 처음에는 남쪽에서 들어왔다고

'남만초(南蠻椒)'라 부르기도 했다. 후추는 북쪽, 고추는 남쪽
을 통해 들어왔다.

호박과 고추는 신대륙의 작물이니 콜럼버스가 신대륙에
가기 전까지 구세계에는 있을 수 없었다. 그렇지만 일단 신
대륙을 벗어나면 이야기는 달라진다. 어떤 경로로 어떻게 전
해지는가는 우연에 기댈 수밖에 없다.

또 다른 신대륙의 산물인 '옥수수'는 수수처럼 생긴 것이
열매는 옥과 같다 해서 붙은 이름인데 '강냉이'란 이름도 있
다. 이 '강냉이'는 옥수수의 전파 경로를 알려주는 실마리이
다. 지역 이름인 '강남'에 사물을 나타내는 접사 '이'가 결합
하여 '강남이'가 되었다가 '강냉이'로 변한 것이다. 물론 여기
서 강남은 한강 남쪽이 아니라 중국의 남쪽 장강(長江) 유역
을 뜻한다. 옥수수는 중국 남쪽에서 우리나라로 건너왔다. 신
대륙의 작물 가운데 중국 남쪽을 거친 것이 또 있다. 바로 '강
낭콩'이다. 이것 역시 '강남콩'이 '강낭콩'으로 변한 것이다.

과일 이름

'과일'이란 어휘는 토박이말인 것 같지만 '과실(果實)'이란 한
자어가 변한 말이다. 그러고 보면 과일 이름은 한자도 있지
만 토박이말 이름도 많다. 아마도 중국을 통해 들어온 것은
한자 이름이기 쉽고, 아주 오래되었으면 토박이말 이름이기
쉽겠다는 생각이 들지만 꼭 그렇게 들어맞지는 않을 것 같
다. 예전에는 봄의 딸기로 한 해 과일의 맛을 즐기기 시작했
지만 요즘 딸기는 봄이 아닌 겨울에 나오는 과일이 되었다.
이제 온상 재배도 많고, 보관 방법도 개선되고, 수입 과일도
많기에 철에 구애받지 않고 과일을 즐길 수 있다. 그렇지만
여전히 여름의 참외와 수박, 뒤이어 포도와 복숭아, 사과와
배가 우리가 기억하는 1년 동안 먹는 과일의 순서이다.

　우선 여름의 대표 과일인 참외와 수박부터 보자. 이 둘은
예전에는 여름이 되어야 볼 수 있었지만 요즘은 봄부터 볼
수 있다. 앞서 원래 '외'였던 참외가 줄기와 잎이 비슷한 오

이에게 이름을 빼앗기고 '참외'가 되었다고 했다. 그러나 '오이 과(瓜)'를 쓰지 않고 본디 '외'라는 토박이말을 쓴 것은 이 과일이 오래전에 들어왔다는 이야기이다. 실제로 참외는 삼국 시대부터 있었고, 오이는 그보다 천 년 뒤인 1500년 즈음에 들어온 것으로 알려졌다. 참외를 지금은 과일로 여기지만 사실 장아찌를 담가 반찬으로 먹기도 했다.

　참외와 여름 과일의 짝으로 여기는 '수박'은 물이 많은 과일이다. 이것 역시 오이와 비슷한 시기에 들어왔다. 겉모습이 박과 비슷하게 생겼고 즙이 많기에 '물 수(水)'가 결합한 것 같은데, 그렇게 해석하기에는 성조가 맞지 않는다는 문제가 있어 모호하다고 한다. 그래서 사전에는 수박의 '수'에 한자 표시가 없다. 하지만 '수제비'의 '수'처럼 '손 수(手)'도, '수육'의 '수'처럼 '익을 숙(熟)'도 아닌 것은 분명하다. 여하튼 수박은 이름 유래에 이런 애매함이 남아 있어서 온전한 한자어에서는 벗어났다. 중국에서는 수박을 서쪽에서 온 것이라 해서 '서과(西瓜)'란 이름으로 부른다.

　다음으로 여름이 무르익어야 등장하는 과일은 포도와 복숭아이다. 포도는 이름에서 한자어임을 느낄 수 있다. 포도는 서아시아 원산으로 중앙아시아를 통해 중국에 들여왔다.

중국이 서역과 교역을 한 지는 오래되었지만 포도를 본격적으로 재배하고 포도주가 유행한 것은 당나라 때부터이다. 우리도 고려 시대에 중국을 통해 포도를 들여왔는데, 사실 그보다 더 전부터 재배했을지 모를 일이다.

'포도(葡萄)'란 한자어는 중앙아시아에서 포도나무를 들여올 때 그곳의 발음을 옮긴 것이다. 우리나라에는 포도가 들어오기 전 머루가 자생하고 있었으며 '멀위'라 부르기도 했다. 지금도 우리나라에서 포도와 머루는 확실하게 구분하고 차이를 확실하게 인식한다. 다만 지금 재배하는 포도 종은 근래에 들어 유럽과 미국을 통해 들여온 것들이고 예전에 중국을 통해 들어온 종은 사라졌다.

'복숭아'는 토박이말 이름이다. 비슷한 사촌인 '앵두(櫻桃)'와 '자두(紫桃)'는 '도(桃)'가 '두'로 변한 것 말고는 한자 이름을 여전히 지니고 있다. 복숭아만 우리말 이름을 지니고 있는 것으로 미루어 짐작할 때 거의 중국과 우리나라에 자생한 과일이 아닌가 싶다. 그보다 이전 발음은 모르지만 중세 발음으로는 '복셩화'이니 발음의 커다란 변이도 없었던 것 같다. 나무나 꽃은 보통 '복사나무', '복사꽃'으로 부르는데 '복사'는 '복숭아'의 준말이다. 그렇지만 복숭아꽃을 '복사꽃'이나 '도화(桃花)'라 부르기는 해도 복숭아를 '도실(桃實)'이라 하지는 않는다. '복숭아'는 한자와의 싸움에서 이겨 자신의 자리를 차지했다고 볼 수 있다.

사과와 배는 우리나라에서는 과일의 대명사라 할 수 있다. 둘 다 가을이 돼야 나오지만 보관 기술이 좋아져 사시사철 어느 때나 맛볼 수 있다. 그렇다고 해서 이 둘이 아주 오래된 과일이냐 하면 결코 그런 것은 아니다. 사과 이전에는 이와 비슷한 '능금'이란 과일이 있었지만 맛과 크기에 있어 한참 처졌다. 능금도 원래 자생하던 것이 있었지만 뒤에 중국에서 들여온 것이 품질이 더 좋았던 것 같다. '능금'은 한자어 '임금(林檎)'이 변한 말로 근대에 미국 선교사들이 사과를 들여왔을 때는 이 명칭을 사용하기도 했다. 1960년대까지는 '대구 능금'이란 말을 흔히 들을 수 있었다. 미국 선교사들이 들여온 사과는 서아시아의 능금이 유럽에 건너가고, 다시 미국에서 존 채프먼 같은 열성적인 사과 보급자를 거쳐 개량된 종류였다.

사과는 한자로 '빈과(頻果)', '빈파(頻婆)', '평과(苹果)'라 불렀다. '능금'도 아닌 우리말의 '사과'는 어디서 왔을까? 혹자는 '사과'의 '사(沙·砂)'가 '모래'란 뜻이어서 잘 익은 사과의 알갱이가 모래 같아서 그런 이름이 붙었다고 이야기하는데, 배라면 몰라도 사과에는 모래 알갱이 느낌이 없다. 게다가 '사과(査果)'라는 표기까지 있는 것을 보면 한자는 그저 음만 따온 것 같다. 모래보다는 '사각사각'에서 나온 '사과'이기가 더 쉽다.

배는 중국과 우리나라에 원래 자생하던 과일이지만 우리의 돌배가 향기도 좋고 달기도 했다. 그래서 배는 '이과(梨果)'라는 표현은 아예 없고 그냥 토박이말로 '배'이다. 그러나 돌배가 크기에서는 좋은 과일 취급을 받기가 어려웠다. 이것이 일본으로 건너가 육종을 거쳐 다시 우리나라로 수입되었다. 이제는 우리가 이 배를 육종하여 더욱 탐스럽고 맛이 있어졌다. 배는 그것을 가리키는 말부터 나무까지 토종에서 출발했다 보면 된다.

나무 이름

나무만큼 친근하면서 경이로운 것이 없다. 마을의 큰 나무는 마을 사람의 삶에 중심으로 작용한다. 또 여름날 그 아래에서 다정한 이야기를 나누는 정감 있는 장소이기도 하다. 식물계를 대변하는 풀과 나무 가운데에서 나무는 풀보다 훨씬 오래전에 태어났다. 풀은 고작 700만 년 전에 나타났지만 나무는 3억 년 동안 지구에 존재했다. 우리 주변에서 볼 수 있는 나무는 정원수와 가로수 정도이지만 숲과 산에는 다양한 나무가 있고 이름도 들어보지 못한 나무들도 많다.

나무 가운데 우리에게 가장 익숙한 것은 정원수와 가로수일 것이다. 생활 속에서 늘 접하는 단풍나무, 철쭉, 양버즘나무, 은행나무와 같은 나무를 목적에 맞게 심는다. 그리고 보면 인간은 대체로 수요에 의해서 나무에 이름을 붙인다. 특히 열매의 효용도가 높은 나무는 여지없이 열매로 나무 이름을 붙인다. '사과나무', '배나무', '귤나무', '포도나무', '복숭

아나무', '대추나무', '호두나무' 등 열매가 나무 이름의 유래
가 된 것은 끝도 없이 많다. 이런 귀한 열매를 생산하는 나무
는 인간에게 특별한 대접을 받는다.

한자 이름이 나무의 이름이 된 경우도 많다. '소나무'는
'송(松)'이란 이름에서 'ㅇ'이 탈락하며 '소나무'가 되었지만
'향(香)나무'는 'ㅇ'을 잃지 않았다. 같은 침엽수로 '주목나
무'는 원래 가지와 줄기의 굵은 부분이 붉은색이라 '붉은 나
무'라는 뜻으로 '주목(朱木)'이란 이름이 붙었다. 거기에 '나
무'가 또 덧붙어 '주목나무'가 되었다. 같은 침엽수인 '전나
무'는 한자가 아닌 우리말 유래이다. 이 나무가 상처를 입으
면 흰 수액이 나와서 '젖과 같은 수액'이 나온다고 '젖나무'
였는데 연음이 되어 '전나무'로 변했다.

한자가 묘하게 바뀐 이름도 있다. 예전에 강이나 개울 근
처 둑에 늘어서 있던 '미루나무'는 미국에서 들여온 수종이
라 '미국의 버드나무'라는 뜻에서 '미류(美柳)나무'라고 불렀
는데, 복모음(이중모음) 'ㅠ'가 단모음 'ㅜ'로 변해서 '미루나
무'라는 이름이 되었다. 봄에 줄기에 수관을 꽂아 물을 뽑아
마시는 고로쇠나무는 원래 '뼈에 이로운 물'이라는 뜻의 '골
리수(骨利水)'가 변하여 '고로쇠'가 되었다. 그러니 이 나무에

서 물을 뽑아 마신 역사도 꽤 되는 셈이다. 수액을 뽑아 메이플 슈거를 만드는 단풍나무와 마찬가지로 고로쇠나무 또한 단풍나뭇과에 속한다.

지금은 식량 사정이 좋아져 배곯는 이가 적지만 예전에는 밥을 많이 먹는 게 소원일 정도로 굶주리던 시절이 있었다. 특히 봄이 되어 아직 봄보리의 이삭이 패기 전의 굶주리던 시절을 가리켜 '춘궁기'라는 말이 있을 정도였다. 더군다나 이때는 겨울이 지나 따뜻하고 꽃도 피던 시절이니 배고픔이 얼마나 더 서러웠을 것인가? 그래서 꽃을 보고 밥 생각을 떠올린 나무가 몇몇 있다.

우선 이른 봄에 자잘한 흰 꽃이 피는 '조팝나무'는 좁쌀로 지은 밥을 연상시켜 붙은 이름이다. 춘궁기에 접어들어 배고픔이 얼마나 심했기에 자잘한 흰 꽃을 밥으로 보았을까 생각하면 마음이 아리다. '이팝나무'는 늦은 봄에 흰 꽃이 피는 모습이 하얀 쌀밥을 뜻하는 '이밥'과 같다고 해서 붙은 이름이다. 이때쯤이면 봄보리는 먹을 수 있을 때이니 하얀 쌀밥이 더욱 먹고플 수도 있다. 이 꽃이 풍성하게 피면 풍년이 오고 꽃이 시원치 않으면 흉년이 든다는 말까지 있으니 인간의 소망을 이팝나무꽃에 투사한 셈이다.

'박태기나무'도 '밥' 때문에 붙은 이름이다. 이 나무는 이른 봄에 작은 자주색 꽃이 모여 피는 모양이 '밥태기' 같다는 뜻에서 붙은 이름이다. '밥태기'는 '밥알'의 호남 사투리로 이것이 '박태기'로 바뀐 것이다. 색깔이 진한 자주색이라도 그와 상관없이 밥을 연상했으니 서글픈 시절의 추억일지 모르겠다.

나무는 전혀 다른 종이지만 비슷한 이파리나 열매가 열리는 것도 적지 않다. 가령 보통 '마로니에'라 부르는 칠엽수는 밤과 비슷한 열매가 열리지만 독성이 있어 먹지는 못한다. 이파리가 밤나무와 비슷해서 '나도밤나무'라 부르는 나무는 완전히 다른 종류의 나무이다. 또 울릉도에서 자라는 '너도밤나무'는 참나뭇과에 속한다. 나무에도 1인칭, 2인칭 수식어가 붙는 것이 재밌다.

나무 이름에는 '나도'나 '너도'처럼 접두사가 붙는 경우가 꽤 있다. 비슷한 나무를 구분하기 위한 조어 방식이다. 이를테면 잎이나 꽃의 속성은 비슷하지만 더 큰 것은 '왕벚나무'처럼 '왕' 자를 붙이기도 하고, 크기가 작은 종류는 '좀작살나무'처럼 '좀'이란 접두사를 붙인다.

또 사람이 이용하는 특성에 적합한 종은 '참오동나무'처럼

'참'을 붙이고, 우리가 이용하기에 질이 떨어지는 것은 '개떡갈나무'처럼 '개'를 붙여 속성을 나타낸다. 이 밖에도 자생하는 지역에 따라 '산'이나 '섬'과 같은 접두사가 붙기도 하고, 특성에 따라 '털'이나 '가시' 같은 용어가 앞에 붙는 것도 있다. 나무의 세계는 인간의 세계보다 넓고 깊고 다양하다.

색깔 이름

어릴 때 미술 시간에는 주로 크레파스로 도화지에 그림을 그렸다. 물론 같은 반에 여러 색깔 크레파스를 쓰는 부잣집 아이부터 몇 색깔 되지 않는 크레파스를 쓰고 도화지조차 힘겹게 마련해 온 가난한 집 아이까지 있었다. 여하튼 그렇게 도화지를 펴놓고 그리는 그림은 대개 운동장에서 아이들이 놀고 있고, 집과 나무가 있고, 하늘엔 해가 떠 있는 그림이었다. 그때 하늘은 '하늘색'으로, 해는 '빨강'으로, 땅은 '갈색'으로, 사람은 '살색'으로, 나무줄기는 '고동색'으로, 이파리는 '초록색'으로 그렸으니 각자 다른 것은 아마 건물과 입고 있는 옷의 색깔 정도였던 것으로 기억한다.

여기서 보듯이 색깔의 이름은 '빨강', '파랑', '노랑', '하양', '검정'처럼 토박이말 단어도 있고, '갈색(褐色)'과 '고동색(古銅色)'처럼 한자로 된 것도 있고, '하늘색', '살색'처럼 특정한 것의 색깔을 일컫는 어휘도 있다. 이처럼 색깔 이름은 그 유래가 다양한데 여기에 외래어까지 가세해서 요즘은 '버건디색'이니 '네이비색'이니 하는 표현도 거침없이 쓰곤 한다.

우선 '빨강', '파랑', '노랑', '하양', '검정'과 같은 색깔 이름의 유래는 분명하다. '빨강'은 '붉다'와 '밝다'처럼 '불'에서 유래했고, '파랑'은 '풀'에서, '노랑'은 '놋', 그러니까 황동에서, '하양'은 '해'에서 '희다'를 거쳐, '검정'은 '검댕이'에서 유래한 색깔 이름이다. 그러니까 이것 역시 자연의 빛깔에서 유래한 셈이다.

특이한 것은 어린 시절에 해를 빨갛게 칠한 우리와는 달리 불의 빨간색과 해의 흰색을 명확하게 구분하여 쓴 것이다. 햇빛은 모든 빛이 섞여 있는 흰색이 맞다. 그것은 '하얀 해'라는 뜻의 '백일(白日)'이란 낱말에서도 분명히 드러난다. 혹여 풀이 녹색이지 왜 파란색이냐 할 수도 있겠지만 동양에서는 이 두 색깔은 하나로 보았다. 마치 녹음이 우거진 산이 멀리서 보면 청색으로 보이듯이 같은 계열의 색으로 치부한 것이다.

빛깔 명칭은 대체로 사물의 색깔이 그 유래가 되었으며 자연스럽다고 여길 수 있다. 가령 주황색의 감은 그 특유의 색감을 '감색'이라 표현하면 색이 주는 정감에 더 가까이 갈 수 있는 것 같다. 그런데 크레파스 색깔 가운데 '하늘색'과 '살색'은 조금 이상하다. 대체로 파란 하늘을 생각해서 평균적인 하늘 색깔을 기준으로 이름을 붙였다고 볼 수는 있겠지만, 아침저녁의 하늘은 붉은 색깔이듯 시간에 따라 다르고, 계절에 따라 편차도 크다. '살색'은 또 어떤가? 예전에야 외국인이 거의 없었기에 백인이나 흑인은 예외로 하더라도 피부색도 개인적인 편차가 심하다.

아마도 '살색'은 일본어 '하다이로(はだいろ)'의 번역일 것이다. '하늘색'도 일본어 '소라색(空色, そらいろ)'을 번역한 말이다. 지금은 잘 쓰지 않지만 예전에는 '청색'을 '감색(紺色)'의 일본어 발음 중 앞 글자의 발음을 따 '곤(こん)색'이라는 일본 발음과 우리 발음이 뒤섞인 용어로 부르던 때가 있었다. 크레파스가 일본을 통해 들어왔듯이 일본식 색깔 이름도 알게 모르게 많이 들어왔던 셈이다.

우리말 색깔 이름 가운데 '보라색'은 별종이다. '보라'는 보라매의 깃털 색깔에서 온 색깔 이름이라 한다. '보라' 자체는 몽골어로 '병아리나 매'를 뜻하는 말이고 그 깃털 때문에 '보라색'이 되었다 하는데, 새의 깃털이 색깔의 이름이 된 것이 희귀한 일은 아니다. 서긍이 《고려도경(高麗圖經)》에서 고려자기의 색깔을 '비색(翡色)'이라 했던 것도 결국 물총새의 깃털 색깔이다. 그런데 지금 우리가 보라색이라 알고 있는 것은 빨강과 파랑이 섞인 화려한 색을 뜻하지만 보라매의 깃털 색깔은 우중충한 잿빛 회색이다. 매 색깔이 변한 것인지, 어휘 뜻이 변해 다른 색깔을 지칭하게 된 것인지 모를 일이다.

예로부터 우리는 '빨강', '파랑'과 같은 우리말 색깔 이름과 함께 '적(赤)', '청(靑)', '녹(綠)', '황(黃)', '백(白)', '흑(黑)'과 같은 한자의 색깔 이름을 같이 썼다. 특히 한자는 섞인 색깔인 간색을 표현하기에 유용하다. 그렇지만 이제는 외국의 상품이 밀려들고 외국 취향의 디자이너들이 득세함에 따라 색깔 이름도 외국어 표기가 점점 느는 듯하다. 가령 '카키색'은 영국 군복의 색깔을 지칭하는 말에서 비롯되었지만 나라마다 지역마다 토양과 환경에 따라 군복의 색깔이 다르다. 따라서 지칭하는 빛깔도 상당한 편차가 있다. 그렇지만 '카키색'이란 용어가 멋있다고 생각하는 한 이 모호한 용어를 사용하는 것은 현실적으로 어쩔 수 없는 일이다.

사이다, 메리야스, 웨하스

우리가 자주 사용하는 일상품 이름 중에는 외래어임이 분명한데 사용법에서 조금 이상한 것들이 있다. 원래 뜻하고는 전혀 다른 뜻으로 쓰거나, 유래가 어디인지 불분명하거나, 표기한 발음이 이상하기에 그렇다. 그런 단어는 처음 시작부터 면밀하게 유래를 추적하지 않으면 어찌 그렇게 엉뚱한 이름이 붙었는지 알기 어렵다. 이런 이상한 외래어는 대개 일본을 통해서 들어온 것들이다.

우선 '사이다'란 말을 예로 살펴보자. 우리는 향료와 설탕을 넣은 탄산수를 '사이다'라 부른다. 콜라와 더불어 이것이 탄산음료 대명사로 위치를 굳혔다. 오죽하면 속 시원한 말을 가리켜 '사이다 같은'이란 수식어를 쓸 정도이다. 이 이름의 연원은 분명 영어의 '사이더(Cider)'이다. 그런데 이는 '사과의 즙으로 만든 주스나 술'을 뜻하지, 향료와 설탕을 넣은 탄산음료를 이르는 단어는 아니다. 그렇다면 이처럼 잘못 사용하게 된 시점이 있을 것이다.

'사이다'가 우리 문헌에 처음 나오는 때는 1909년이다. 이 시기는 아직 식민지는 되지 않았지만 일본 제국의 침탈이 본격화했을 때이다. 을사늑약 이후 1905년부터 일본 상인이 조선 진출을 본격화하고 이때 '금강 사이다'와 '마쓰야(松屋) 사이다'가 진출했다. 이것들은 그야말로 설탕물에 탄산을 녹인 탄산수였는데, 약간의 '사과 향'을 넣고 대담하게 제품에 '사이다'라는 이름을 붙인 것이다. 요즘으로 치면 '포도 맛'이란 이름을 내걸고 포도는 하나도 들어 있지 않은 제품을 파는 것과 다를 바 없다.

하지만 일반 대중에게는 '사이다'나 탄산수나 낯선 것은 마찬가지였다. 따라서 색깔 없는 달콤한 탄산수를 '사이다'라 부른다고 생각할 수밖에 없었다. 이제는 이 음료에 사과 향을 쓰지 않지만 이렇게 본래 이름을 기망하는 '사이다'란 명칭은 100년 넘게 '사이더'의 자리를 빼앗아 차지했다. 그러니 원래 이 이름이 뜻하는 상품인 사과즙은 '사과 주스'라는 이름을 달고 나올 수밖에 없었다.

이런 경우로 또 하나 예를 들자면 '메리야스'라는 표현이 있다. 일반적으로 '메리야스'는 러닝셔츠처럼 소매 없는 속옷을 이른다. 국어사전에는 '신축성이 있고 촘촘하게 짠 천. 속옷, 장갑 따위를 만드는 데에 쓴다'라고 풀이하고 있어 직조 방식에 중점을 둔다. 이는 '메리야스'가 러닝셔츠 종류를 지칭하는 일반적인 용법과는 좀 다른 뜻풀이인 셈이다.

'메리야스'는 스페인어 '메디아스(Medias)'에서 유래한 단어이고, 이것은 본디 '양말'을 뜻하는 단어였다. 19세기 프랑스 선교사들은 '믿음'이란 개념을 설명하는 용도로 모양과 크기에 따라 늘어나는 이런 직조의 양말을 활용했다고 한다. 가령 믿음이 있으면 어떤 모양에도 맞출 수 있다는 것으로 신앙을 설명한 모양이다.

'메리야스'가 '러닝셔츠'를 뜻하게 된 것은 일본을 통해 다시 수입되면서부터였다. 일본에서도 '메리야스'가 이런 직조의 양말과 속옷류를 지칭하는 것이었으나 차츰 양말은 그 종류에서 빠지고 속옷 상의만을 지칭하게 되었다. 우리의 사용법도 그렇게 굳어졌다. 대체로 1920년 이후 문헌에 등장하는 '메리야스'는 '속옷'을 뜻한다. 지금은 양말을 '메리야스'라 부르면 대부분 이상하게 생각할 것이다.

마지막으로 하나 더 예를 들자면, 과자나 빵의 이름에도 사용되고, 전자 산업에도 등장하는 단어인 '웨하스'이다. 직사

각형의 바삭한 과자나 둥근 막대 모양 과자에 설탕 크림이 끼어 있는 것을 가리켜 '웨하스'라고 한다. 그런데 포장지 겉면에는 영문으로 '웨이퍼스(Wafers)'라 적혀 있어 잘못된 발음이 관행으로 굳어진 것임을 알려준다. 이것은 '웨이퍼스'를 일본에서 '웨하스(ウェハース)'라고 음역한 것이 들어온 것이다.

얇은 과자를 원뿔 형태로 만들어 아이스크림을 담는 용기를 '콘(Cone)'이라 하는데, 이때 사용하는 과자도 '웨이퍼(Wafer)'이다. 이 '웨이퍼'라는 과자가 얇은 판처럼 생겼기에 반도체 칩을 만드는 넓은 원판도 '웨이퍼'라 부른다. 비슷한 형태 때문에 같은 이름이 붙은 것이다. 그런데 이것은 우리도 '웨하스'라 하지 않고 '웨이퍼'라 부른다. 또한 요즘 많이 먹는 '와플'이란 과자도 있다. 발효시키지 않은 반죽으로 바싹하게 구운 웨이퍼를 네덜란드에서는 '바펠(Wafel)'이라 불렀다. 이것이 다시 미국으로 건너가 '와플(Waffle)'이 된 것으로 나중에는 지금처럼 과자가 아닌 빵의 형태로 변했다. 물론 와플이 가장 유명한 곳은 벨기에이다.

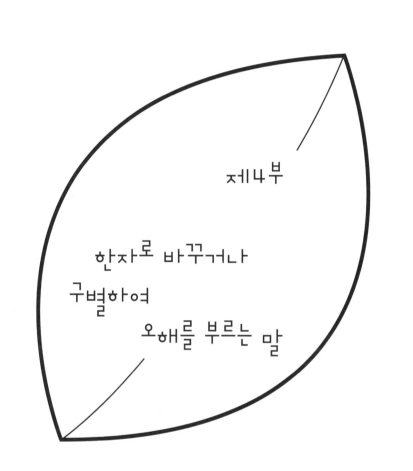

제4부

한자로 바꾸거나
구별하여
오해를 부르는 말

모래내와 가재골, 사천교와 가좌동

어릴 때 광화문 버스 정류장에 가면 차장이 "모래내 가요" 하고 외치던 노선이 있었다. 물론 내가 타는 버스가 아니라 탄 적은 없지만 그때 들었던 '모래내'라는 이름은 아름다운 곳의 이름으로 기억에 남았다. 모래가 흘러가는 내처럼 마을이 이루어졌거니 생각했다. 이 지명의 의미를 제대로 짐작하게 된 것은 훗날의 일이다. 수색을 지나가는 길에 '사천교'가 있다는 것을 알게 되었고 '왜 경남의 지명이 이 다리에 붙었지?' 하고 생각했었다. 그러고서 그곳 근처가 모래내인 것을 알고 그 '사천(沙川)'이 '모래내'를 한자로 바꾼 것임을 깨닫게 되었다.

　지명은 한자로 된 것이 대다수이고 간혹 토박이말 지명이 있으면 정겨운 느낌이 든다. 물론 우리가 한자 문화권에 속해 온 세월이 길었으니 그런 경향이 당연하다 할 수도 있겠다. 하지만 지명 자체는 원래 우리말 지명이 더 많았다. 땅 이름은 산이나 물줄기의 특징이나 자연환경과 지형지물, 그리고 그곳에 사는 사람들이 무엇을 하며 사느냐와 관련해서 짓게 마련이다.

그런 것들을 대개는 편한 우리말로 부르다가 행정상의 필요가 있을 때 기록을 위해서 한자로 바꿔서 표기했다. 더구나 왕권이 강화되면 중앙 정부는 국토의 세세한 것을 기록하고 관리할 필요가 생기고, 지방 각 지역의 자료를 취합해야 한다. 그 과정에서 대개 지방관의 아전이나 서리들이 고유의 지명을 한자로 바꿔서 올렸다. 그리하여 지명에는 우리말 음을 한자로 바꾼 이두식 표현도 있고, 뜻을 한자로 바꾼 것도 있다. 이런 과정을 통해 많은 지명이 한자로 변했다.

이런 일이 대규모로 일어난 적이 또 한 번 있었는데 바로 일제강점기이다. 식민지 지배의 기초는 현황을 정리하는 것이고, 그 현황에서 국토에 대한 정확한 파악이 빠질 수 없었다. 그랬기에 측량과 기록이 필수였으며 기록을 위해서는 이름이 필요했다. 이 과정에서 우리 국토를 강점한 일본인으로서 가장 골치 아픈 일은 무수히 남아 있는 우리말 지명이었다. 식민지 지배자들은 이들 지명을 난폭한 방법으로 바꿔버렸다. 이름에 스민 정감과 기억들은 어찌 돼도 상관없고 그저 자신들이 편하게 표시하고 기록할 수 있으면 되었다.

다시 모래내 이야기로 돌아가자. 홍제천이 내려와 모래내로 흐르는 물이 보이지 않는 것은 개울에 모래가 많이 쌓이고 지하에 물길이 따로 있기 때문이다. 갈수기에 물은 모래 아래로 흐르고 비가 오고 물이 풍부해지면 내가 드러난다. '사천(沙川)'이란 지명은 그래도 한자를 아는 사람에게는 모래내의 특성을 잘 나타내는 번역이다. 그러나 이 사천교가 있는 곳의 행정구역상 지명은 '남가좌동'이다. '북가좌동'도 있으니 가좌동을 남북으로 구분한 것이다. 인근에 경의선 기차역으로 '가좌역'도 있다. 그렇다면 이 '가좌'란 무엇인가?

가좌동이란 이름은 흔하다. 서울 인근만 하더라도 고양, 일산, 김포, 의정부, 인천에 모두 가좌동이 있다. 전국으로 따지면 더 많을 것이다. '가좌'는 대개 한자로 '더할 가(加)'와 '도울 좌(佐)'를 쓰지만 더러는 '좋을 가(佳)'를 쓰기도 한다. 한자의 뜻을 풀이하면 '더욱 도움'이나 '좋은 도움'인데 둘 다 지명으로는 알맞지 않다.

이 '가좌'는 우리말 '가재'를 바꾼 것이다. 예전에는 맑은 물이 흐르는 곳이 많았으며 냇가의 돌덩이를 들추면 일급수에서만 산다는 가재들을 볼 수 있었다. 그런 곳에 별다른 특징이 없으면 '가재골'이란 지명으로 불렀다. 관청의 일본인 들은 이 말을 이해할 수 없으니 행정 지명으로 그저 비슷한 발음의 한자를 끌어다 붙인 것이다. 이로써 '가재골'은 사라 지고 '가좌'만 남았다.

이보다는 조금 낫겠지만 성의 없게 작명한 것으로는 비슷 한 '탄현(炭峴)'이란 지명도 꽤 있다. 예전에는 나무에 불을 피워 밥을 짓고 온돌을 데워야 했다. 장작은 연기가 많이 나 니 집 안에서 음식을 데울 때는 숯을 사용했다. 괜찮게 사는 집에서는 숯이 필수품이니 숯을 구워서 팔았다. 이런 숯막 은 대개 참나무 종류가 무성한 고개에 자리 잡고 있었고, 이 곳을 대개 '숯고개'라 불렀다. '탄현'은 그 '숯고개'란 이름을 한자로 치환시킨 지명이라 여기저기에 많은 것이다.

지명을 바꾸는 일은 쉽지 않다. 절차가 번거롭기도 하고 자칫하면 불편함을 불러올 수도 있다. 시행한 지 꽤 오래된 도로명 주소도 여전히 동네 이름과 지번을 쓰는 사람이 있는 것을 보면 아직 확실하게 정착되지 않은 듯하다. 그러니 '가 좌동'을 다시 '가재동'이라 바꿀 수도 없다. 그러나 그런 사 실을 잊지 않고 있으면 언젠가는 제대로 된 동네 이름을 복 원할 수 있을 터이다.

그 사과는 심심하지 않다

어느 말이든 같은 발음의 말이 두 가지 이상의 뜻을 지닌 경우는 흔하다. 입으로 표현할 수 있는 음절은 적고, 표현하고자 하는 내용이 많으니 동음이의어는 필수적이라 볼 수 있겠다. 그렇지만 동음이의어가 많다고 해서 언어생활이 불편한 적은 거의 없다. 동음이의어라도 장단과 고저의 미묘한 차이가 있고, 설사 그것을 무시한다 해도 우리는 말을 들으며 문맥을 읽기에 뜻을 오해할 여지는 거의 없기 때문이다.

동음이의어는 토박이말에도 있지만 한자어에는 그보다 훨씬 많다. 예전에 웬만큼 한자를 알던 세대와는 달리 요즘은 나이가 많다고 해서 한자를 잘 쓰는 것도 아니고, 한자 병기도 거의 하지 않으니 무슨 뜻인지 모르고 실수할 수도 있다. 물론 젊은 세대들이 '사흘'을 '4일'이라 오해하기도 한다지만 그것은 기본 국어 실력이 모자란 사람의 예일 뿐이다. 젊은이라고 다 그렇지는 않다. 한자를 모른다고 한자어의 말뜻을 이해하지 못한다 생각하지도 않는다. 대다수 사람들은 한 자를 모르고도 한자 유래 어휘가 절반도 훌쩍 넘는 언어생활 에 적응하며 살아가고 있다. 다만 국어 실력이 없기에 이상 한 이야기를 하는 것뿐이다.

'심심한 사과'에서 '심심한'이 '지루하고 재미가 없다'라는 말인 줄 알고 '왜 사과를 심심하게 하느냐'라고 하는 일이 있 었다. 예전에는 많이 쓰던 표현인데 이제는 구닥다리 표현이 되어 잘 쓰지 않으니 모를 수 있다. 다만 문맥을 통해 무료해 서 '심심하다'가 아니라 다른 뜻이란 것 정도는 알아차려야 하지 않을까 생각한다. 그러나 어휘 능력에는 개인차가 있을 수밖에 없다. 나는 정작 이런 것보다 그 '심(甚)'이라는 글자 가 왜 '매우'라는 뜻이 되었을지 궁금했다.

이 글자가 익숙하지는 않겠지만 쓰임새조차 희귀한 글자 는 아니다. 가령 우리말 중 '심하다'는 이 글자에서 유래한 말이기에 '심(甚)'을 찾아보면 '심할'이라는 훈이 달려 있다. 또 '심지어(甚至於)'라는 말도 자주 쓰는 말이니 아주 안 쓰는 글자는 아니다. 이 글자가 재미있는 것은 이와 아주 비슷한 글자도 있고, 또 두 글자 모두 처음 뜻과는 다른 뜻으로 쓰이 기 때문이다.

'심(甚)'과 비슷한 글자는 '지(旨)'인데 보통 '뜻'이라는 의미로 많이 쓰인다. 가령 '성지(聖旨)'라 하면 '임금의 뜻'을 말한다. 이 두 글자는 모양도 닮지 않았고 발음과 뜻도 다른데 어디가 비슷하냐고 할 것이다. 지금 글자 형태는 꽤 다른 게 사실이다. 그런데 아주 옛날 이 글자들이 태어났던 시절에는 두 글자 모두 숟가락이 입에 들어가는 모습을 상형했다. '지'는 숟가락이 위에 있고, '심'은 아래에 있는 것만 다르다.

그러니 '지'는 위에서 먹여주는 것을 뜻하는데 여기서 위는 한자가 생기던 당시 사람들이 믿었던 대상을 떠올리면 조상신을 가리킨다. 조상신이 후손에게 정이 담긴 밥을 먹여주는 것이라 지금도 '지'에는 '맛이 있다'라는 뜻이 남아 있다. '심'은 아랫사람이 올리는 밥을 받아먹는 것이다. 아랫사람이 올리는 것은 산해진미에 귀한 술이라 즐겁겠지만 결국은 뇌물이라 탐닉해서는 안 되는 것이다. 아마도 뇌물이라는 것에서 '심하다'나 '넘다'와 같은 뜻이 파생되었을 터이다. 이렇게 숟가락 방향의 사소한 차이가 전혀 다른 뜻으로 옮겨간다.

토박이말 '심심하다'는 너무 익숙한 말이다. 대체로 두 가지 의미로 쓰는데 하나는 '음식 간이 싱겁다'라는 뜻으로 쓰이고, 다른 하나는 '지루하고 재미없다'라는 뜻이다. 아마도 앞의 뜻에서 뒤의 뜻이 나오지 않았나 싶다. '심심하다'의 옛 형태는 '슴슴하다'인데, 지금도 전북에서는 이렇게 표현한다.

'슴슴하다'의 작은말은 '삼삼하다'인데, 이 뜻은 '싱거우면서도 맛이 있다'라는 뜻으로 쓰인다. 생각해보면 '간이 싱거운 것'의 작은말은 그나마 '간이 조금 있다' 정도일 것이고, 그것이 '약간 싱겁지만 맛이 있다'의 표현으로 쓰였을 것 같다. '삼삼하다'에는 또 다른 뜻이 있는데 '매력이 있어 끌리다'이다. 이런 것을 보면 한 갈래에서 나온 말이 조금씩 달라지다 나중에는 전혀 서로 다른 뜻이 된다는 사실을 이해할 수 있다.

그러므로 '심심한 사과'는 예전의 점잖고 학식이 드러나는 한문 투의 표현일지 모르지만 이제는 '깊은 사과' 정도로 표현하는 것이 좋겠다. 굳이 옛날 어투를 써서 좋을 것이 없다. 게다가 맛있는 사과는 결코 심심하지 않고 삼삼하다.

한자 동음이의어 ①: 감수와 개정

우리말에는 한자어에서 유래한 어휘들이 많다. 이들 가운데에는 '뿌리가 빨간 채소'라는 뜻의 '적근채(赤根菜)'가 '시금치'로 바뀌었듯이 한자는 희미한 모습만 남기고 음운변화를 거쳐 새로운 모습으로 변한 단어도 있다. 하지만 여전히 한자어의 발음으로 제 본연의 모습을 갖추고 있는 낱말도 많다. 게다가 한자음은 그 종류가 풍부하지 않은 편이라 '성조(聲調)'라고 하는 음의 높낮이와 장단으로 의미를 구분했는데 이제는 우리말에서 성조를 무시하는 경향이 두드러져 그 뜻을 분별하기 쉽지 않은 동음이의어들이 상당히 많다. 중세까지는 지켰던 성조가 사라졌기에 더욱 그렇고, 문맥에서 단어의 역할로 어떤 의미인지를 가늠하는 수밖에 없다.

그런데도 남는 문제가 있다. 한자를 배우지 않은 세대는 대충 발음이 같은 단어의 용도를 구분할 수 있지만 각 단어의 미묘한 뜻 차이는 여전히 구분하기 어렵다. 이런 상황을

두고 한자 교육을 강화하자는 주장들도 많지만 이 정도의 한
자 교육을 할 경우 거의 외국어 하나를 더 해야 하는 부담이
있다. 그리고 모든 사람이 그렇게 많은 시간을 글공부에 들
여야 할 이유도 없다. 그것보다는 글을 쓰는 사람이 쉬운 표
현을 사용해 독자의 부담을 줄이는 것이 필요하다.

국어사전에서 '감수'란 낱말을 찾아보면 한자어가 다른 것
이 열다섯 개 정도 있다. 그 가운데 '監收', '甘遂', '勘收',
'坎收', '減水'와 같이 일상에서 잘 쓰지 않은 단어를 빼도,
예닐곱 개는 현재 무시할 수 없을 정도로 쓰이는 말이다. 그
중 어떤 단어가 더 익숙한가는 직업이나 관심 분야에 따라
다를 수 있다. 가령 심리학을 전공한 사람이라면 '감수(感受)'
란 단어가 생각날 터이고, 생물학 전공자라면 감수분열의
'감수(減數)'가 떠오를 수 있고, 출판에 종사한다면 '감수(監
修)'가 가장 먼저 떠오를 것이다.

그렇다고 해도 헷갈리지 않고 쓸 수 있는 것은 저마다 뜻
의 차이가 있기에 글의 문맥에 따라 무슨 뜻으로 쓰이고 있
는지 쉽게 짐작할 수 있어서이다. 가령 '십년감수했다'라는
문장에 쓰인 '감수'는 '목숨이 줄어든다'라는 뜻의 '감수(減
壽)'라야 맞다. 한편 책의 내용이 올바른지 확인하는 '감수(監

修)'도 십 년을 할 수 있지만 이럴 때는 '동안'이란 단어를 써서 '십 년 동안 감수했다'라고 하면 그 뜻을 잘못 이해하기 어렵다.

그렇지만 '외부의 영향을 받아들이다'라는 뜻의 '감수(感受)'와 '달게 받아들이다'라는 뜻의 '감수(甘受)'는 쓰기에 따라 구분하기 쉽지 않을 수도 있다. 그러니 이것도 쓰는 사람이 뜻을 정확히 알고 조심해 써야 한다. 요즘은 쓰는 사람이 한자 어휘의 뜻을 제대로 알지 못하고 써서 오히려 읽는 사람이 헷갈리는 경우가 많다.

동음이의어 가운데 '개정(改正, 改定, 改訂)' 같은 경우는 뜻의 차이를 명확하게 알지 못하거나 어떤 경우에 어느 한자가 맞는지조차 모르는 경우가 꽤 있다. 물론 '법정을 열다'라는 뜻의 '개정(開廷)'처럼 다른 한자를 쓰는 단어들도 있지만 이들은 헷갈릴 염려가 거의 없다. 그러나 '개정(改正, 改定, 改訂)'의 세 낱말은 앞의 한자가 '고칠 개(改)'로 같고 뒤에 붙는 한자만 다르다. 그러니 뒤따르는 세 한자의 차이로 뜻이 갈리게 되는 셈이다.

먼저 '개(改)'는 매를 들고 아이를 훈육하는 모습을 상형한 글자이다. 그러니 어린 시절 나쁜 습관을 '고치다'라는 뜻이다. '바를 정(正)'은 '남의 잘못을 바르게 하다'라는 뜻이다. 그러나 이제는 나와 남을 가르지 않고 '바르다'란 뜻으로 쓴다. 그러니 '개정(改正)'은 '고쳐서 바르게 하다'라는 뜻이다.

'정할 정(定)'은 '정(正)' 위에 지붕(宀)을 얹었으니 집을 짓는 것처럼 '위치나 약속을 정하다'라는 뜻이다. 그러니 '개정(改定)'은 '이미 정했던 것을 고쳐서 다시 정하다'라는 뜻이다. '고칠 정(訂)'은 '바로잡거나 고치는 것'을 뜻하는데, 앞에 말을 뜻하는 '언(言)'이 있으니 말과 글에 해당하는 글자이다. 튀어나온 말은 다시 고치기 힘드니 결국은 글을 고치거나 바로잡는 것을 뜻한다. 그러니 '개정(改訂)'은 '글의 틀린 곳을 고쳐 바로잡다'라는 뜻이다. 그렇기에 책을 고쳐서 내면 '개정판(改訂版)'이 되는 것이다.

한자 동음이의어 ②: 지명과 연패

사전을 찾다 보면 같은 발음의 한자어가 여럿 있는 것을 종종 본다. 그것이 어떤 때는 페이지를 넘어가도록 이어진다. 그래도 그 많은 어휘를 헷갈리지 않고 인식하는 것은 대개 문맥에서 그 단어가 어떤 뜻으로 쓰였는지를 유추할 수 있기 때문이다. 가령 '아버지가 방에 들어가신다'라는 문장의 띄어쓰기를 잘못해서 '아버지 가방에 들어가신다'라 해도 아버지가 가방에 들어갈 일은 없기에 틀리게 쓴 것임을 금세 알아채는 것과 같은 이치이다.

　그렇지만 요즘은 노년층조차 한자 교육을 받지 않은 사람들이 많기에 가끔 단어의 세세한 의미를 구별하지 못하는 경우가 생겨 잘못 쓰거나 읽기도 한다. 직업이 글을 쓰는 문필가라면 공들여서 한자를 배워 문장 기초를 든든하게 할 필요가 있지만 일반인들이 이렇게까지 하기는 어렵다. 한자를 익히는 것도 외국어를 하나 익히는 것만큼 공력을 들여야 한다. 그러니 사전을 찾아 정확한 뜻과 용례를 익혀두는 것이 좋다.

가령 《표준국어대사전》에서 '지명'이란 낱말을 찾으면 열 개의 표제어가 등장한다. 이 가운데 가장 많이 쓰며 땅 이름을 뜻하는 '지명(地名)'의 경우 다른 단어와 뜻이 전혀 다르기에 헷갈릴 염려가 없다. 그리고 주로 비석에 적힌 글을 뜻하는 '지명(誌銘)'은 전문용어에 가깝고, '날이 밝기를 기다리다'라는 뜻의 '지명(遲明)'이나 '땅이 울다'라는 뜻의 '지명(地鳴)'은 거의 쓰지 않는 단어이다.

그렇다면 남은 것은 '지명(知名, 知命, 指名, 指命)' 넷 정도이다. 이 넷을 보면 앞의 두 글자가 '알 지(知)'와 '가리킬 지(指)'로 다르고 뒤의 글자는 '이름 명(名)'과 '목숨 명(命)'으로 교차 결합했다. 여기서 뜻을 보다 명확하게 할 글자는 '지(指)'와 '명(命)'이다. '지(指)'는 '손가락으로 지시하다'라는 뜻이고, '명(命)'은 무릎을 꿇고 윗사람의 명령에 복종하는 것이다. '운명(運命)'과 같은 것은 윗사람이 하늘이나 신과 같은 절대자라 생각하는 것이다.

그러니 '지명(知名)'은 '이름을 아는 것'이고, '지명(指名)'은 '이름을 콕 찍어 지시하는 것'이다. '지명(知名)'은 그 자체로 쓰이는 빈도보다 '지명도(知名度)'처럼 쓰이는 경우가 더 많아 '이름을 알다'라는 뜻이다. '지명(知命)'은 '자신에게 내려진 명령을 알다'라는 뜻이고 '지명(指命)'은 '여러 사람 가운데 누구라 이름을 밝혀 가리킴'을 뜻한다. '지명(知命)'은 《논어》에 나오는 오십에 '천명을 앎(知天命)'의 '지천명'을 줄인 것이기도 하다. 굳이 한자를 배우지 않고도 이 네 단어의 뜻을 확실히 알고 있다면 문맥에 따라 어떤 뜻으로 썼는지도 쉽게 알 수 있다.

그런데 어떤 때는 상황 전체의 맥락을 모르면 이해할 수 없는 경우도 있다. 원래 전쟁이나 국제 정치에서 사용하는 말이었지만 요즘은 주로 스포츠에서 쓰이는 말로 '연패'라는 말이 있다. 이 단어는 동음이지만 두 가지 표현이 있는데 하나는 '거듭해서 지다'라는 뜻의 '연패(連敗)'이고, 다른 하나는 '연달아 우승하다'라는 뜻의 '연패(連霸)'이다.

둘 다 스포츠 보도에 자주 등장하는 표현이다. 예전에는 한자로 표현했기에 쉽게 구분할 수 있었지만 요즘은 한글로 쓰니 구분이 쉽지 않다. 더군다나 주로 압축적 표현을 해야 하는 제목에 쓰이니 더욱 구분이 쉽지 않다. 그러니 그 선수나 팀의 과거 전적까지 잘 알고 있어야 어떤 뜻인지 판단이 되는 셈이다. 이런 경우는 한글 표현에 맞춰 새로운 표현법을 만들어내는 것이 필요하다고 본다.

'연패(連敗)'라는 단어를 들으면 생각나는 이야기가 하나 있다. 청나라 말기 유명한 재상이던 증국번은 태평천국의 난을 제압하여 재상의 지위에 오른 관료이다. 그가 군대를 이끌고 반란군을 제압할 때 휘하에 싸우기만 하면 지는 장군이 있었다. 증국번은 어쨌든 그가 가혹한 처벌을 받지 않게 하려고 조정에 보내는 보고서의 표현을 살짝 바꿨다. '계속 싸우며 계속해서 지고 있습니다(連戰連敗)'를 '계속 지고 있습니다만 계속해서 싸우고 있습니다(連敗連戰)'로 순서만 바꾼 것이다. 이 어감의 미묘한 차이가 그 장군의 처지를 구해서 큰 처벌을 받지 않았다고 한다(중국식 표현법은 '屢戰屢敗'이다).

형벌에서 유래한 말

지금도 죄를 지으면 감옥에 가는 등 죗값을 치르나 예전에는 동서양 가릴 것 없이 형벌들이 가혹하고 처참했다. 죄지은 자의 인격과 인권은 완전히 무시한 참혹한 형벌이 대부분이었다. 지금도 일부 지역에는 매질이라는 전근대적 형벌이 남아 있기도 하다. 이런 참혹한 형벌이 없어진 것은 얼마 되지 않았고 참혹한 형벌이 흔했던 만큼 우리의 언어에도 그 흔적이 남아 있다.

우리말이 가장 영향을 많이 받은 한자에도 고대 형벌의 그림자가 드리운 글자가 많다. 흔히 쓰는 '글월 문(文)'만 해도 포로 혹은 죄수나 노예의 얼굴이나 몸에 새긴 문신을 뜻하는 글자이다. 한자에는 형벌에서 유래한 글자가 꽤 있다. 흔히 쓰는 '갚을 보(報)'나 '잡을 집(執)'과 같은 글자도 지금 뜻은 그렇지 않지만 원래는 도망가지 못하게 손을 차꼬나 말뚝으로 묶어놓는 것을 상형한 것이다. 우리가 쓰는 '질곡(桎梏)'이란 단어도 죄수의 손과 다리에 채우는 형구를 뜻한다. 그러니 '질곡'은 옴짝달싹하지 못할 상황을 이르는 말이다.

흔히 쓰는 말 가운데 '깨어져 산산이 부서짐'이라는 뜻의 '박살'이란 단어가 있다. 한자어 같기는 한데 어떤 한자에서 유래했는지 명확하지 않다. 사실 이게 한자에서 유래한 말인지도 확실하지 않다. 하지만 '박살(搏殺)'하면 '손으로 쳐서 죽이다'가 되고, '박살(撲殺)'하면 '때려서 죽이다'가 되고, '박살(剝殺)'하면 '껍데기를 벗겨 죽이다'가 된다. 지금 뜻하고 관련해서 유추하면 두 번째가 가장 가까운 듯하다.

'여러 사람이 어느 한 사람을 욕하고 비난하다'라는 뜻의 '조리돌림'이란 말이 있다. 요즘은 인터넷 시대라 이런 조리돌림이 더 광범위하게 퍼졌다. 이것은 본디 형벌을 집행한 뒤에 사람이 많은 곳에서 죄인을 앞세우고 지은 죄를 낱낱이 여러 사람에게 고해 망신을 주는 형벌이다. 이 형벌의 목적은 죄수에게 망신을 줌과 함께 이를 보는 사람도 죄를 짓지 못하도록 예방하는 것이었다. '주리 틀기'라는 형벌은 두 다리를 묶고 막대 둘을 끼워 다른 방향으로 비틀어 고통을 주는 방법이다. 형벌이라기보다는 자백을 얻어내려는 고문의 방식으로 쓰였다. 그 고문 방법은 고통이 너무 심하고, 다리가 찢어지며 피를 흘리기도 해서, 고문을 당하고 나면 걷지 못하는 불구가 되기 일쑤였기에 이를 금지하기까지 했다. '주리'는 '주뢰(周牢)'라는 한자어의 발음이 변한 것이다. '주뢰'는 '주나라의 감옥('뢰'를 살펴보면 지붕 아래[宀]에 소[牛]가 있는데 가축 기르는 곳이 실제 감옥으로도 쓰였다)'이라는 뜻이다. 주나라는 중국 고대국가 가운데 비교적 이성적인 나라였지만 그래도 형벌은 가혹했던 모양이다. 그러나 '주리 틀기'는 명나라 형벌을 받아들인 것이다.

죄를 짓고 형벌을 받는 것은 누구나 꺼리는 일이니 비속어인 욕에도 등장한다. '경칠 놈'이니 '우라질 놈'이니 하는 말은 모두 '형벌을 받을 놈'이란 뜻이다. 요즘은 사용 빈도가 좀 떨어지기는 하지만 '경(黥)치다'라는 말은 '지은 죄를 얼굴에 문신으로 쓰고 다니다'라는 뜻이다. 지은 죄가 무거운 자는 형을 살고도 그 죄명을 얼굴에 문신으로 쓰고 다녀야 했다. '우라질 놈'은 '오라를 받을 놈'이란 뜻으로 '포승줄'을 뜻하는 우리말 '오라'의 음이 변화하여 '우라질'이 된 것이다. 그러니 '우라질 놈'은 그저 '포승줄에 묶여 잡혀갈 놈'이란 뜻이다.

이보다 더한 표현으로 '육시랄'이란 표현도 있다. '육시(戮

屍)'는 죽은 시체의 목을 베는 형벌을 말하는데, 죽은 다음에 더 큰 죄가 있다 해서 관에서 시체를 꺼내 목을 잘라 거리에 내거는 부관참시(剖棺斬屍)와 같은 것이다. 그러니 '육시랄' 은 대역죄와 같은 가장 엄중한 죄를 지었다는 이야기이다. 사전에는 없지만 '오살할 놈'이란 말도 있다. 발음에서 보듯 이 '오살(五殺)'에 '할'이 붙었는데, '오살'은 팔다리와 목을 베어 죽이는 형벌로 흉악한 죄수를 처단하는 방법이니 이 또 한 큰 욕이 아닐 수 없다.

이와 비슷한 말인 '제기랄'의 경우 '랄'이 '난장(亂杖)'이란 형벌에서 나왔으리라고 추측하기도 한다. '난장'은 금부에서 취조할 죄인을 형틀에 묶어놓고 여럿이서 아무 데나 마구 때 리던 혹독한 고문이었다. 맞는 사람은 어디서 어떻게 폭력이 가해질지 모르니 무척이나 무서웠을 터이다. 실제로 난장으 로 인해 많은 이가 죽었기에 임금이 명을 내어 금지해야 할 정도였다. 하지만 '제기랄'은 언짢을 때 불평스러워 하는 욕 으로 '제기'란 말이 단독으로 쓰이기도 하고, '난장'이 '랄'로 변할 이유도 없으며, '제기랄'이란 말이 '제길'이란 준말로 사용되는 것을 보면 형벌하고는 상관이 없는 듯하다.

우리가 '아무리 해도'란 뜻의 부사로 쓰는 '도무지'란 말도 나라의 공식적인 형벌은 아니지만 잔인한 형벌에서 유래된 것이다. 이는 '도모지(塗貌紙)'란 형벌에서 왔는데 한자 뜻으로 보면 종이를 죄수 얼굴에 겹겹이 발라 숨이 막혀 죽게 하는 형벌이라 한다. 이를 행하려면 손발과 몸통을 묶고 했을 터이니 당하는 사람으로서는 '도무지 어찌할 도리 없이' 서서히 숨 못 쉬는 고통을 겪으며 죽어갔을 것이다.

'물'이 앞에 들어가는 말

물과 공기는 우리 사람과 떼려야 뗄 수 없는 중요한 존재이다. 하지만 너무 흔한 것이기에 당연한 것으로 여기기도 한다. 특히 공기는 그것 없이 살아본 경험도 없어 자맥질하는 해녀를 빼고는 존재 자체를 의식하지 않는다. 그나마 물은 생활에 필수 불가결한 것이었기에 물을 찾아다니며 살았다. 집을 지을 때도 먼저 우물이 가까이 있는 곳에 짓거나 그렇지 못하다면 집 안에 우물을 파야 했다. 우물은 '움푹 파인 곳에서 나는 물'에서 유래한 말이다.

물론 맑은 개울 가까이에 산다면 구태여 우물을 팔 필요는 없을 것이다. 그렇지만 큰비가 퍼부으면 개울가는 홍수가 날 염려가 있어 피해를 당할 수도 있다. 이렇게 물이 뭍으로 넘치는 것을 '무너미'라 한다. '무너미'가 한자로 바뀌어 지명이 된 곳이 서울의 '수유동(水踰洞)'이다. '무너미'라는 말에서 보듯이 '물'의 'ㄹ'은 자주 탈락한다. 벼가 자랄 때 논에는 물이 있어야 하는데 이렇게 물이 차 있는 논을 '무논'이라 부른다.

단어 앞에서 '무'가 '물'의 뜻을 지니고 단어의 뜻을 지배하는 경우는 꽤 많다. 가령 해녀들의 잠수를 '무자맥질'이라 하는데 여기서도 '무'는 '물'을 뜻한다. 한여름 고온다습한 기후를 '무더위'라 하는데 우리가 인식하고 말하지는 않지만 여기서도 '무'는 '물'에서 'ㄹ'이 탈락한 것이라 '공기에 있는 습기'를 뜻한다. '무지개'도 '물갛'과 '지게문'이 결합된 형태라 얼마간 '물'의 뜻이 있다고 봐야 한다. 무지개는 비와 관계가 깊고 맑은 날에는 생기지 않는다. 질병의 하나인 '무좀'의 '무'도 '물집'을 뜻하니 이 범주에 들어갈 수 있다.

그러나 이보다 더 의외는 '무쇠'란 단어가 '물쇠'에서 비롯된 사실일 것이다. '무쇠'를 한자로는 '수철(水鐵)'이라 하고, 주물을 만드는 원료를 '쇳물'이라 표현하니 어쩌면 당연한 어휘이다. 물이란 것이 액체의 성질을 대표하는 셈이고, 쇠를 녹인 것도 액체이니 '쇳물'이란 표현은 지극히 자연스럽다. 그러니 쇳물을 틀 속에 부어 솥 모양을 만들면 '무쇠솥'이라 부른다.

쇠는 철광석과 숯을 넣고 가열해 철광석의 암석 성분을 떼어내고 산화된 철을 환원시켜 얻는다. 이러한 과정을 거쳐 화로에서 나오는 쇳물이 무쇠이다. 이것은 탄소의 함량이 높기에 단단하기는 하나 부러지기 쉽고 도구를 만들어 쓰기에는 적합하지 못하다. 이 무쇠를 한자로 '선철(銑鐵)'이라 하는데 이는 '용광로에서 먼저 나온 쇠'라는 뜻이다. 또한 '주철(鑄鐵)'이라 하기도 하는데 그것은 이 쇳물을 모양을 갖춘 틀에 부어서 솥과 같은 도구를 만들기 때문이다. '주(鑄)'라는 글자에 '부어 만들다'라는 뜻이 있다.

그러나 무쇠는 쉽게 부러지기 때문에 두들겨서 칼과 같은 도구를 만들 수는 없고, 무쇠를 다시 녹여 정련하여 탄소 성분을 줄여야 한다. 그런 다음 여러 번 가열했다 식히며 두들겨야 칼과 같은 도구를 만들 수 있다. 이렇게 무쇠를 가공해서 도구를 만들 수 있게 한 것이 '강철(鋼鐵)'이다.

그런데 '물'이 기본형으로 들어간 어휘 가운데에는 '무르다'도 있다. '물'의 옛 발음은 '믈'이고 '무르다' 또한 '므르다'에서 나왔다. 물은 액체이니 단단한 고체와는 다른 유연함이 있고, 그런 성질을 '무르다'라고 표현한 것이다. 그래서 고체라도 단단하지만 않고 유연함이 있으면 '무르다'라는 표현을 쓴다. 용광로에서 처음 나온 쇳물도 무르고 유연함이 있기에 장인이 모형을 이용해 만든 틀 속으로 흘러 들어간다. 그리고 그 틀 속에서 식어 '주물(鑄物)'이 되는 것이다.

그런데 이 물 같은 무쇠는 굳고 나면 강하기 이를 데가 없다. 너무 강해서 부러지기 쉽고 쉬이 깨지는 것이다. 그래서 이를 적당히 무르게 한 강철이 오히려 쓰임새가 많고 도구를 만들기에 적합하다. 그러고 보면 무르고 강한 것에는 절댓값이 없는 것 같기도 하다. 한없이 무른 물이 굳센 바위를 깎고 구멍을 내지 않는가. '물쇠'인 무쇠가 굳으면 가장 단단하다는 것도 아이러니하다.

음을 다르게 읽는 한자어

우리말에 가장 많은 영향을 준 것은 뭐니 뭐니 해도 한자이다. 그렇지만 그 한자어들이 도입된 시기나 유래는 각양각색이다. 어떤 것들은 아주 오래전부터 써서 한자어인지 잘 인식하지 못하는 것도 있고, 그 가운데에는 음운이 변해 원래 발음과 달라진 것도 있다. 그런가 하면 서구어의 번역어로 근래에 들어 사용하기 시작한 한자어도 상당하다. 또 하나는 한자어임은 분명한데 통상적인 한자음과는 달라 어떤 한자인지 잘 모르는 단어도 있다. 이런 한자어는 예전의 국한문 혼용 시절에는 잘못 읽으면 "무식하다"라는 소리를 듣기 십상이었다.

흔한 예로 들 수 있는 것이 '패배', '뇌쇄', '균열', '오열'과 같은 단어이다. 발음으로 보아 한자인 줄로는 짐작하는데, 한자를 꽤 아는 사람도 어떻게 쓰는지 가물가물한 경우가 있다. 그것은 한자 한 글자가 꼭 한 음인 것이 대부분이지만 어떤 글자는 발음이 하나가 아닌 것이 있기 때문이다. 그래서 '패배(敗北)'의 한자를 보고 왜 '북(北)'을 '배'로 읽느냐고 의아해하기도 한다. '북(北)'은 등을 마주하는 두 사람을 상형한 글자인데, '북쪽'을 뜻할 때는 '북'이라 읽지만 또 다른 뜻인 '달아나다'라는 의미로 쓸 때는 '배'로 읽는다. '패배'는 '전쟁에 져서 달아나다'라는 뜻이기에 '패배'로 읽는 것이다. 물론 요즘 운동경기에서는 겨루다 지더라도 달아나지는 않는다.

  '애가 타도록 몹시 괴로워하다'는 뜻의 '뇌쇄(惱殺)'는 보통 아주 아름다운 여인을 봤을 때의 경탄을 묘사하는 용어로 '뇌쇄적'이란 표현이 주로 쓰인다. 보통은 '죽일 살(殺)'이라 알고 있는 이 글자의 또 다른 발음은 '쇄'이고, 이 발음으로 읽을 때는 '빠르다'라는 뜻이다. '빠르게 몰려들다'라는 뜻의 '쇄도(殺到)하다'가 그런 뜻으로 쓴 것이다. 그러니 '뇌쇄'는 뇌를 '죽이는' 것이 아니라 뇌가 '빠르게 팽팽 도는' 것이다.

  '균열(龜裂)'이란 말은 일상에서 자주 쓰는 말인데, 가끔 이 단어의 '균'이 '거북 귀(龜)'라는 사실에 놀라는 사람이 있다. 하기는 예전엔 '균열'을 한자로 써놓으면 '구열' 또는 '귀열'로 읽는 사람들도 꽤 있었다. '구(龜)'에는 음이 셋 있는데 땅 이름에 쓰이면 '구', '거북'을 뜻하면 '귀'이고, '터지다' 또는 '갈라지다'란 뜻으로 쓸 때는 '균'이라서 '균열'로 읽어야 한다. 물론 이것은 거북 등껍질의 갈라진 무늬에서 나온 뜻이기는 하다. 이처럼 뜻이 달라지는 것 때문에 음이 달라지는 것이 일반적이다.

'오열하다'는 슬픔에 북받쳐 목이 멜 정도로 통곡하는 것을 뜻하는 단어인데, 한자로 '오열(嗚咽)'이라 써서 이를 '오인'이라 읽는 경우가 있다. '인후(咽喉)'처럼 '목구멍'을 뜻할 때는 보통 '인'으로 읽고, '목이 메다'라는 뜻일 때는 '열'로 읽기 때문에 '오열'이라 읽는 것이 맞다.

'나쁘다'라는 뜻으로 쓰이는 '악(惡)'은 '미워하는'이라는 뜻으로 쓰면 '혐오(嫌惡)'나 '증오(憎惡)'처럼 '오'로 음이 바뀐다. 그리고 '폭거(暴擧)'처럼 '사납다'라는 뜻으로 쓰인 '폭(暴)'은 '포악(暴惡)'일 때 '포'라는 음으로 읽는다. '악'의 경우에는 살짝 의미 변화가 있는 것 같지만 '폭'과 '포'의 경우는 의미가 다르지도 않다. 이런 경우는 원래 글자의 음운이 두 가지가 있어 두 발음으로 변한 것이다. 지금은 음운을 신경 쓰지 않지만 예전에는 이 음운을 알아야 시를 지을 수 있었다. 그러니 다른 음이 꼭 다른 뜻이 있어야 하는 것은 아니다.

그렇게 다른 음으로 읽는 한자들은 꽤 많다. 쉼표, 마침표와 같은 '구두점(句讀點)'은 '구독점'이라 읽지 않고, 여기저기 다니며 연설하는 '유세(遊說)'는 '유설'이라 하지 않고, 물에 빠지는 '침몰(沈沒)'은 '심몰'이라 하지 않고, 혈족의 관계를 뜻하는 '항렬(行列)'은 '행렬'이라고 읽으면 안 된다. '줄이거나 빼다'라는 뜻의 '생략(省略)'은 '성략'이라 읽으면 안 되고, 높은 사람을 뵙는 '알현(謁見)'은 '알견'이라 읽으면 듣는 사람이 알아듣지 못하고, 비가 온다는 뜻의 '강우(降雨)'는 싸움에 져서 두 손을 드는 '항복(降伏)'의 '항'과 같은 글자이지만 달리 읽는다.

우리가 자주 쓰는 글자 가운데 음이 여럿인 대표적인 글자로 '락(樂)'을 꼽을 수 있다. 노래를 뜻하는 '음악(音樂)'에서는 '악'이 되고, 즐겁고 평화로운 '낙원(樂園)'에서는 '락'이 되고, '즐기다'라는 뜻으로 쓰인 '요산요수(樂山樂水)'에서는 '요'로 읽는다. 이 글자의 모양은 현악기와 북을 상형했으니 악기 연주와 노래가 원래 뜻일 것이다. 노래는 즐거운 것이고, 그렇게 즐기는 곳이 낙원이며, 음악을 즐기듯 자연도 즐기는 것이다. 결국은 한 가지 뜻이 여러 갈래의 뜻으로 쓰인 것일 뿐이다. 한자의 음이란 시대에 따라, 장소에 따라, 용도에 따라 변하는 것이다. 언어가 약속이란 점에서 일반적인 관례도 중요하겠지만 '요산요수'를 '낙산락수'라 했다 해서 크게 놀릴 일은 아니다.

가타부타, 알록달록, 갈팡질팡

꼭 우리말에만 있는 것은 아니지만 우리말은 같은 음이 반복되는 '첩어'가 다른 언어보다 풍부해 언어생활을 활기차게 한다. '와글와글'이나 '뒤뚱뒤뚱'과 같은 의성어나 의태어에 이런 형태가 많다. 하지만 꼭 그런 것은 아니고 명사를 겹쳐 쓰기도 하고 '고루고루'처럼 부사를 겹쳐 강조의 형태로 쓰기도 한다. 물론 이런 겹쳐 쓰는 용법은 다른 어휘에도 영향을 미쳐 이런 형태로 쓰는 단어가 꽤 있다.

가령 '가타부타'라는 단어는 본디 '옳다느니 그르다느니'란 뜻의 한문 투 용어인 '가(可)하다 부(否)하다'라는 말에서 '하다'가 줄어 '타'가 된 경우인데, 이것이 첩어 형식이 되면서 한문 투라는 사실도 점차 잊히고 있는 듯하다. '분에 넘치는 것 같아 고맙고 황송하게 여기다'라는 뜻의 '감지덕지(感之德之)' 또한 한자 성어이지만 첩어의 형태를 이루고 있어, 한자어의 고유성이 사라지고 있는 또 하나의 사례라 볼 수 있다. 여기서 '지(之)'는 대명사로 쓰인 것일 터이지만, 이제 이 어휘를 쓰는 사람은 그것을 염두에 두지 않을 것이다. 불안한 모양새를 나타내는 '안절부절'이란 용어도 한자어에서 나온 것 같고, 대체로 '안주부득(安住不得)'에서 나왔으리라고 짐작하지만 확실하지는 않다. 나아갈 방향을 몰라 왔다 갔다 하는 모습을 '우왕좌왕(右往左往)'이라 하는데, 오른쪽과 왼쪽은 앞뒤, 위아래와 함께 자주 쓰이는 대립하는 방향이다. 꼭 오른쪽이 우선이 아닌 것은 첩어는 아니지만 '좌충우돌(左衝右突)'처럼 왼쪽을 먼저 쓰기도 하기 때문이다.

　한자어 또한 첩어의 형태를 만들어 우리말처럼 쓰는데, 우리말도 이런 형태로 쓰지 않을 이유가 없다. 밝은 빛깔의 점이나 선으로 불규칙한 무늬를 이룬 것을 뜻하는 '알록달록'이란 말이 대표적이다. 이 단어는 본디 '알로록달로록'이었는데, 지금은 '로록'을 줄인 '록'의 형태로만 쓴다. 이를 보면 두 글자 첩어보다는 한 글자 첩어가 효율적인 모양이다.

　여기서 '알'이 무슨 뜻인지 분명치 않은데 '아롱아롱', '알롱알롱', '아롱지다'란 말로 미루어 보면 시각의 빛깔 번짐과 같은 현상이 아닐까 한다. 그렇다면 '달로록'은 무엇일까? '다르다'나 '많다(多)'로 해석하기도 하지만 그보다는 '울긋불

굿'의 '울'처럼 그저 짝을 맞추기 위한 첨가이기가 쉽다. 가령 '갈피를 잡지 못하고 헤매다'라는 뜻의 '갈팡질팡'의 '갈'은 '가다'에서 나왔지만 '질'은 대구를 위해 그저 덧붙은 것이기 쉽다. 하지만 '오락가락'처럼 앞뒤에 모두 의미 요소가 있는 경우도 많다.

또 '알록달록'은 들에 색색의 꽃들이 피어 있다면 '알록달록하다'라고 쓸 수 있다. 모음만 바뀐 '얼룩덜룩'은 단순히 어감의 차이만 있는 게 아니라 세월에 찌든 흔적이나 오염된 부정적인 모습을 표현한다. 아마도 모음의 차이로 가장 뜻이 많이 달라진 경우일 터이다.

'서로 옳으니 그르니 하고 다투다'라는 뜻의 '옥신각신'은 '오다'와 '가다'가 '옥'과 '각'으로 변했으며, '신'은 흥취와 열정이 고양된 상태를 뜻하는 '신나다'의 '신'이다. 그러니 신났다가 신나지 않은 상황이 반복되는 것인데, 이제는 이 단어가 시비를 가리는 장면을 연상하게 한다. 마음이 들떠서 착잡한 상태를 이르는 '싱숭생숭'이란 첩어의 옛 표현은 '싱슝생슝'으로 복모음이 단모음으로 바뀌었다. 그러니 그 어원은 바람 부는 소리의 의성어임을 누구나 쉽게 짐작할 수 있다. 그리고 그 정도 바람 부는 날이면 무슨 일이 없어도 마음이 싱숭생숭하기 마련이다.

모든 첩어 어원이 이렇게 알기 쉬운 것은 아니다. 우리가 자주 쓰는 '싱글벙글'이란 말도 어디서 왔는지 모르고, 대부분 첩어의 어원 역시 오리무중이다. 'ㅇ'의 항목에서 찾아봐도 '오목조목', '오순도순', '오밀조밀', '옹기종기', '우물쭈물', '울퉁불퉁' 같은 첩어의 유래를 알 것 같기도 하지만 실제 여실하게 알고 있는 것은 거의 없다. 물론 첩어만이 아니라 일반 언어에도 유래를 알 수 없는 것이 부지기수이다. 하지만 비록 유래는 알지 못하더라도 이 첩어들이 우리말을 재미있고 발랄하게 만들며, 말과 글에 운율감을 불어넣는 것은 틀림없다. 참으로 고마운 첩어가 아닐 수 없다.

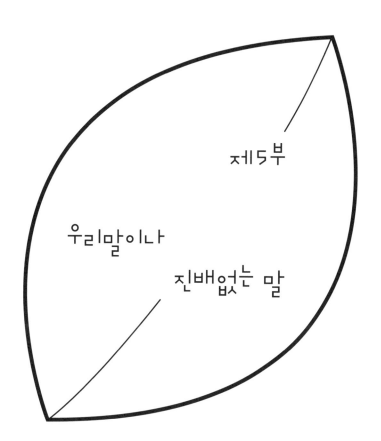

제15부

우리말이나

진배없는 말

여하, 하여, 역시, 물론

우리가 자주 쓰는 이 말들은 모두 한자로 이루어졌다. 이제 이 말들을 한자어라 여기며 쓰는 사람은 거의 없다. 이 낱말들은 한자에서 유래해 부사로 쓰인다는 공통점이 있다. '여하(如何)'와 '하여(何如)'는 '-든지'가 줄어든 '튼'을 덧붙여 부사로 쓰는데, '아무튼'과 '어쨌든'이란 우리말 표현도 있다. 이 단어 넷을 사전에서 찾아보면 "의견이나 일의 성질, 형편, 상태 따위가 어떻게 되어 있든"이라고 풀이가 똑같다. 결국 같은 뜻의 단어라는 얘기다.

　이렇게 같은 뜻의 부사어 넷이 존재한다는 건 의외의 일이다. 가만 살펴보면 한자어 둘은 순서만 다르지 같은 글자의 조합이다. 훗날 조선의 태종이 된 이방원은 정몽주를 향해 〈하여가〉라는 시조를 지었는데, 그 시조 구절에 나오듯이 '하여'의 뜻은 '어떠하리'이다. '여하'는 '하여'의 앞뒤를 바꾸어 '어떠한가'라는 의문형으로 만든 단어이다. 따라서 '하여튼'과 '여하튼'의 뜻은 '어떠하든'이다.

'하(何)'의 옛날 글자 모양은 막대기에 보따리를 꿰어 메고 나온 사람을 표현했다. 곧 집을 떠나 어디로 가는 여행객이다. 지금이야 여행이 좋은 것이지만 예전에는 집 떠나면 먹는 것, 자는 것이 모두 고생이라 막막한 일이었을 터이다. 그래서 나중에 이 글자에 '어찌하다'라는 뜻이 생겼다. '여(如)'는 본래 여자가 하는 말을 의미했는데, 이 역시 나중에 '같다'라는 뜻으로 바뀌었다. '하여튼'이나 '여하튼'은 결국 '어찌되었거나'라는 뜻이다. 그것을 '어쨌든'이나 '아무튼'으로 바꾸어도 뜻이 달라지지 않는다. 여하튼 '어쨌든'과 '아무튼'은 '하여튼'과 뜻이 같다. 네 단어의 어감이 조금씩 다르다고도 하는데, 사람마다 어감을 다르게 느끼는지는 몰라도 여하튼 뜻은 같다.

'역시(亦是)' 또한 한자어로 된 부사어이지만 익숙해서인지 한자어라는 생각을 하지 않는다. '무엇과 같다'거나, '생각했던 대로'라거나, '마찬가지'라는 뜻으로 쓰이지만 익숙하기에 "'역시'의 뜻이 뭐냐"라고 물으면 "'역시'가 '역시'지 뭐야"라고 대답하게 되는 단어이기도 하다. '역(亦)'은 원래 양쪽 겨드랑이를 뜻하는 글자였지만 오늘날 그런 뜻은 사라지고 '또', '다만', '모두'를 뜻하는 글자가 되었다. '시(是)' 또한 해(日) 아래에서 손과 발로 열심히 일하는 모습을 본뜬 한자이지만 이제는 주로 '옳다'와 '~이다'라는 뜻으로 쓰인다. 그러니 '역시'는 '또 옳다', '또 그렇다'의 뜻에서 나온 낱말이다. 그렇지만 지금은 그런 뜻에만 한정되지 않고 뜻을 넓혀가고 있는 것 같다. 이제는 '또한'이나 '과연'의 뜻을 더 많이 지니고 있지 않나 싶다.

오늘날에는 그 뜻이 '역시'와 거의 다르지 않은 '과연(果然)'은 그 글자 뜻대로 풀이하면 '과일처럼'이란 뜻이다. 꽃 피고 열매 맺어 다 익으면 눈앞에 보이는 탐스러운 과일처럼 '정말로' 실현된다는 뜻에서 나온 부사이다. 본래 '역시'하고 다른 곳에서 시작한 단어이지만 이제 이 두 부사는 거의 뜻을 구분할 수 없을 정도로 비슷해졌다. 말의 변화란 예측할 수 없는 것이다.

'물론(勿論)'이란 말도 '역시'보다는 덜하지만 한자어로 여기지 않는 사람이 있다. 자주 사용하다 보면 어감이 한자어 같지 않다고 여기게 되는 모양이다. '물(勿)'은 '~말다', '아니다'의 뜻인데 한문 문장에서는 꽤 쓰이지만 단어를 구성하는 글자로는 거의 쓰이지 않기에 낯설 수 있다. '론(論)'은 이야기의 오고 감을 의미한다. 말이 아니라 책을 근거로 이론을 세운 말이 오고 가는 것이다. '론(論)' 오른쪽의 '侖'을 살펴보면 윗부분은 말을 하는 모양을 본뜬 형태이고, 아랫부분은 책(册)이다. 그러니 원래 뜻은 '말로 구분을 지어 따지지 말라'이다. 그랬던 것이 지금은 '말할 것도 없이'라는 뜻의 부사가 되었다.

언뜻 들으면 우리말처럼 들리는 부사들이 많다. 그러나 따지고 보면 한자어에서 유래한 부사가 상당하다. 이렇게 부사에 한자어에서 유래한 말이 많은 이유는 우리가 오랫동안 한자를 받아들여 썼기 때문이다. 물론 일반 어휘에도 한자에서 유래한 것이 수없이 많지만 접속사로 쓰는 부사도 상당 부분 한자에 기대어 썼다. 그것이 오랜 시간이 흐르자 거의 우리말처럼 여겨지게 되었고, 뜻도 조금씩 원래 뜻과 달라졌다. 사실 말의 어원을 따질 때 유래를 알 수 없는 것들도 많다. 이쯤 되면 이 말들은 이제 한자어라기보다 우리말이나 진배없다.

도대체와 대관절

 "'도대체'란 낱말이 도대체 왜 한자어냐"라고 하는 사람이 꽤 있다. 일상에서 많이 쓰는 부사 가운데에는 한자어가 아닌 것 같으면서도 한자어인 단어가 꽤 있다. '도대체'와 비슷한 뜻인 '대관절'이 그렇다. 심지어 '심지어'도 한자어이다. 우리가 한자어라는 인식을 거의 하지 않는 낱말이다.

 '도대체'는 한자로 '都大體'라고 쓴다. 그러니 '도대체'를 '도데체'라 잘못 쓰는 사람은 이 낱말이 한자어인지도 모르고 쓰는 것이다. '도대체'는 뜻의 성분을 기준으로 보면 '도'와 '대체' 두 부분으로 나뉜다. '도(都)'는 '도시', '도읍'이라 할 때 쓰는 글자이다. 도읍은 예전에는 나라나 한 지역에서 으뜸가는 마을로 지금의 '서울' 같은 개념이다. 도시란 단어는 영어의 '시티(City)'를 번역하면서 생긴 말이다. 도시의 '시(市)'는 본디 '시장', '저자'란 뜻이지 사람이 많이 모여 사는 곳을 뜻하지 않는다. 다만 '시티'와 음이 비슷할 따름이다.

'도(都)'는 '으뜸'이라는 뜻도 지녔다. 옛날 벼슬 이름인 '도총관(都摠管, 조선 시대 오위도총부에서 군무를 총괄하던 정이품 관직)'의 '도'는 '우두머리'란 의미로 쓰인 예다. 그렇지만 '도'는 그런 뜻만 있지 않다. 이 글자의 구조는 '놈 자(者)' 오른쪽에 '읍(邑)'을 간략하게 줄여 붙인 것이다. 한자에서 'ß'는 왼쪽에 붙으면 '언덕'이란 뜻이고, 오른쪽에 붙으면 '읍'을 간단하게 줄인 형태라고 이해하면 된다. '자(者)'는 사람 이외에 물건이나 장소를 뜻하기도 하고, 불을 피워 음식을 하는 모습이란 해석도 있는데, 이렇게 여러 가지 풀이가 있는 것은 원래 뜻을 잘 모른다는 이야기이다.

그런데 낱말의 뜻은 여러 갈래로 더해가며 변하기 마련이다. 사람들이 많이 모인 곳에는 뭐든지 있다는 의미에서 비롯됐는지 '도(都)'는 '모두'란 뜻으로도 사용하게 됐다. '도대체'의 '도'가 여기에 해당한다. '대체'는 '크게 보면'이란 뜻이고 '도'가 없이도 '대체로'라는 부사로 쓰인다. 그러니 '도대체'는 '모두 뭉뚱그리자면'이란 뜻인데 차츰 그런 뜻보다는 '전혀'의 뜻으로 쓰인다. 즉 요즘에는 그 뜻이 '모두 뭉뚱그려도 그렇지 않다'로 완전히 탈바꿈했다.

'도대체'의 경우처럼 시간이 흐르면서 말의 원래 뜻이 다른 뜻으로 바뀌어가는 현상은 흔하다. 그렇다고 모든 말이 변하는 것은 아니다. 혼자 독립적인 뜻을 나타내는 단어보다는 다른 말을 강조하는 용도의 부사가 비교적 잘 변하는 것 같다. '도대체'와 유사한 뜻으로 쓰이는 '대관절(大關節)'이라는 말이 있다. 사전의 뜻풀이를 보면 '여러 말 할 것 없이 요점만 말하건대'이니 '도대체'의 원래 뜻과 비슷하다. 그렇지만 이 낱말의 유래는 잘 모른다. 속설에는 고려 무신정권에서 허수아비인 왕이 바뀌는 것은 '소관(小關)'이고 실권자인 무신의 우두머리가 교체되는 것을 '대관(大關)'이라 했다는 이야기도 있지만 근거도 없고 이치도 잘 와닿지 않는다.

　이럴 때는 글자의 본래 의미를 생각해보는 것이 도움이 된다. '관(關)'은 '빗장을 걸 수 있는 문'을 뜻한다. 예전에는 외적을 방어하고 교류를 제어하기 위해서 중요한 길에 이런 관문을 마련하여 사람과 물자의 이동을 통제했다. 그렇기에 이 관문들이 사람과 물자가 오가는 일에 중요한 구실을 했다. 지금도 외국과의 교역에 세금을 내야 하는 '세관(稅關)'이 그런 구실을 한다. 문을 여닫는 것에 따라 사람과 물건이 오고 가니 '관계(關係)'나 '관련(關聯)'의 용례처럼 어떤 연결을 뜻하기도 한다. 여기에 '대관(大關)'이라고 크기를 덧붙인 것으로 봐서 '커다란 관문'이라 해석해야 할 것이다.

그다음의 '절(節)'은 '마디'를 뜻한다. 마디가 있는 대표적인 식물이 대나무다. 그러나 가만 보면 사람 몸에도 마디가 많다. 팔·다리·손·발처럼 움직일 수 있는 곳은 전부 마디로 되어 있다. '마디 절(節)'은 원래 무릎을 꿇은 사람을 본뜬 글자이다. 사람이 무릎을 꿇고 앉을 수 있는 것은 마디가 있어서인 것을 옛사람도 알고 있었다. 대나무가 마디를 대표하기에 슬쩍 '대나무 죽(竹)'을 꿇어앉은 사람 위에 두어 지금의 글자가 된 것이다. '절기(節氣)'나 '개천절(開天節)'에 쓰는 '절'은 마디의 의미가 아닌 것 같지만 이것도 결국 시간의 마디를 뜻한다.

그러니 '대관절'은 커다란 관문처럼 '큰 마디만 이야기하자면'이란 뜻이라 해석할 수 있겠다. '도대체', '대체', '요컨대'와 비슷한 뜻인 셈이다. 그런데 보통 부사는 강조하는 뜻으로 쓰이기 때문에 어떤 문맥에서만 집중적으로 쓰인다. 가령 '대관절'은 주로 의문문에서 쓰인다. 그러면서 말의 어감들이 본래의 뜻과 견주어 약간씩 변화가 생긴다.

만약과 가령

문장에는 어떤 상황을 설정하고 이야기하는 가정법이란 형식이 있다. 이런 방식의 문장을 쓸 때 보통 앞에 부사가 먼저 나오며 '설령', '혹여', '설혹' 등등의 여러 단어가 쓰인다. 가장 흔히 쓰이는 말이 '만약', '만일', '가령'일 것이다. 이 모두가 한자어라는 사실이 놀랍다. 한자어의 영향은 광범위하지만 특히 부사에서는 더욱 그렇다.

'만약(萬若)'과 '만일(萬一)'은 같은 계열이다. '만일'의 경우 '만의 하나'라고 풀어쓸 수 있다. 여기서 '만'은 꼭 '일만'이란 숫자를 뜻하는 것은 아니고 그저 '아주 많은 수'를 뜻한다. 그렇다면 '만일'은 아주 부정적인 가정을 하는 셈이다. 그렇지만 실제로 '만일'은 가정법의 부사 가운데 그렇게까지 부정적인 상황을 표시하지는 않는다.

'만약'의 '약(若)'이란 글자는 드물게 쓰거나 그리 어렵지 않지만 뜻은 묘한 중성적인 글자이다. 보통 사전에서는 '같다'라는 뜻으로 풀이하지만 '명약관화(明若觀火)'를 '불을 보는 것처럼 밝다'로 풀이하듯이 '~처럼'이란 뜻이 더 맞는 듯하다. 이 글자는 원래 긍정하는 대답을 표시하는 뜻이었는데 부사와 대명사처럼 쓰이면서 본래 뜻은 '허락할 낙(諾)'으로 옮겨가고 주로 '~처럼'과 같은 뜻으로 쓰이게 되었다. 그러니 '만약'은 '만의 하나 경우처럼'의 뜻으로 '만'과 '약' 사이에 '하나'의 의미가 생략된 것으로 보아야 한다. '만일'이나 '만약' 모두 '매우 드문 경우'를 가정하고 있으나 지금은 그저 일반적인 가정으로 쓰이고 있다.

'가령(假令)'이란 단어는 어떤 상황을 가정(假定)하고 이야기할 때 쓰는 부사이다. '가정'을 풀이하면 '가짜로 정하다'인데, 여기서 토박이말 같은 '가짜'는 한자의 '가자(假者)'에서 유래한 단어이다. 이것의 반대말인 '진짜'도 '진자(眞者)'에서 유래했다. 토박이말 같은 느낌이지만 '상점'이란 뜻의 '가게'도 임시로 지은 '가짜 집'이란 뜻의 '가가(假家)'에서 나온 말이다. 그렇기에 이 '가'는 가정문에 꼭 들어맞는 글자이다. 가정문은 실제가 아닌 '가짜'의 상황을 설정해두고 이야기를 전개하는 문장이니 말이다.

'령(令)'의 뜻은 조금 복잡하다. 이 글자의 시작은 단순했다. 무릎을 꿇고 앉은 사람에게 위에서 뭐라고 이야기하는 모습을 글자로 만들었다. 조상신을 섬길 적 이야기이니 꿇어 앉은 사람은 후손이고 위에서 말하는 것은 조상신이다. 조상신이 후손들에게 이러저러한 당부를 하고 있는 셈이다. 여기에서 이 글자로부터 '법령이나 명령'의 뜻이 나오게 되었고, 의미가 더욱 확장해 그런 것을 내리는 사람인 '관청의 높은 사람'을 뜻하게 되었다. 이 '령'의 조금 이상한 뜻은 '하여금'이다. 명령은 결국 수행하는 사람이 필요하고, 그래서 그런 뜻이 파생되었다고 볼 수 있다. 어쨌거나 '령'은 권위에 기댄 글자이다.

그러니 '가령'은 '가짜 명령을 세워 보니'로 풀이할 수 있다. 이제는 원래 단어의 한자 뜻을 생각하며 쓰지는 않겠지만 이와 유사한 '설령(設令)'과 견주면 뜻의 미묘한 차이를 살펴보는 데는 도움이 된다. '가령'의 경우는 어떤 가정을 하고, 이어지는 문장에서 꼭 그 가정을 부정할 필요가 없다. 하지만 '설령 ~이더라도/~이다'가 되면 뒤 문장은 전제를 부정하는 것이 일반적이다. '가령'은 가짜로 해보는 것이지만 '설령'에서 '설(設)'은 세우는 것이기 때문이다. 즉, '설령'은 '명령을 세워도'란 뜻이 되고, 그 뒤에 이어지는 문장의 결론은 '당연히 그렇게 해도 어쩔 수 없다'로 끝을 맺게 된다.

'설령' 대신 '설혹(設或)'을 쓰기도 한다. 이 둘은 의미상 그리 차이가 없는 듯하다. '혹(或)'은 이제 너무 우리말이 되어서 한자 사전에도 뜻풀이를 '혹 혹'이라 하여 자신의 글자로 자신을 풀이했다. 우리가 자주 쓰는 '혹은'은 이 글자에 주격 조사를 붙여서 '그렇지 않으면'이란 뜻으로 통용된다. 그러므로 '설혹'은 처음부터 의문을 설정한 부사로 '설령'과 같은 용법으로 쓴다. '혹시(或是)'도 '설혹'과 같은 용도이다. 여기서 '시(是)'는 '~이다'의 뜻으로 쓰였다. 이것과 비슷한 용도로 쓰이는 '혹여(或如)'도 있다. '혹여'는 '혹 ~같다면'의 가정이다. 그러고 보면 부사에서의 한자 편향은 정말 놀랍다.

가방과 구두

일본을 '가깝고도 먼 나라'라고 한다. 거리상으로는 가깝지만, 마음으로는 멀다는 뜻이다. 물론 일제강점기라는 험난한 역사가 있었으니 어쩔 수 없는 일이다. 다른 한편으로는 가까이 있는 나라들끼리 심정적으로 가까운 경우는 거의 없는 듯하다. 일본뿐 아니라 요즘 우리나라 사람들이 중국을 부정적으로 생각하는 경향이 더 커진 것을 보면 이웃끼리 친하기는 힘든 일인 것 같다. 유럽에서도 이웃한 영국, 프랑스, 독일의 관계는 앙숙이란 표현이 더 어울리니 이는 세계적으로 보편적인 현상인 듯하다.

여하튼 고대에 우리가 일본에 문화를 전달했다 하더라도 근대에는 그것이 역전되었음을 부정할 수는 없다. 근대에 일본을 통해 번역어를 수입하기도 했지만 일제강점기를 거치며 수많은 일본어가 우리 일상어가 되었다. 1970년대까지만 하더라도 '쓰메끼리(손톱깎이)', '요지(이쑤시개)', '다마(전구,

또는 둥근 것)', '벤또(도시락)' 같은 단어들이 거의 일상어로 쓰였다.

게다가 일제강점기에 들어온 새로운 직업군에서는 일본어가 자연스럽게 쓰였다. 해방 뒤에도 관행에 기대어, 또는 자신의 전문 분야를 지키는 방편으로 일본어가 사용되었다. 지금은 우리말로 순화되고 많이 사라진 편이지만 여전히 특정 분야에서는 일본어가 일상어로 쓰이고 있다. 이를테면 건설 현장에서는 '시아게(마무리)', '나라시(고르기)', '단도리(준비)', '가다(틀)'와 같은 용어들이 자주 쓰인다. 재밌는 것은 '가쿠목(각목)' 같은 혼용 단어이다. 일본어로 각목은 '가쿠자이(角材)'라고 하는데, 여기에서 '가쿠(角)'만 따와 '나무 목(木)' 자와 결합해 새로운 단어를 창조했다. 영어 '캔(Can)'과 한자 '통(筒)'을 결합한 '깡통'과 비슷한 조어 원리인 셈이다.

인쇄나 출판 분야에서도 일본어 용어가 자주 쓰인다. '도비라(속표지, 표제지)', '세네카(책등)', '하시라(책 본문 귀퉁이에 페이지 번호와 장 제목을 표기한 것)' 같은 용어들이 대표적인데 지금도 흔히 사용 중이다. 을지로 인쇄소 골목에 가보면 '도무송'이라는 간판을 볼 수 있다. 대충 어감으로는 일본어의 잔재라는 것을 알 수 있으나 일반인으로서는 무슨 뜻인지 짐작하기 어렵다. 이것은 본디 곡선으로 자르거나 특별한 모양으로 재단하거나 종이에 구멍을 뚫는 특수한 재단 방식을 뜻한다. 가령 종이 가운데에 동그라미나 세모로 구멍을 뚫어 다음 페이지를 볼 수 있게 만드는 식이다. '도무송'은 이런 특수 기계를 만드는 회사인 '톰슨 프레스'의 상호를 일본식으로 표기한 것이다. 서류를 철심으로 묶는 도구인 스테이플러가 일찍이 그 기계를 생산한 회사의 이름인 '호치키스'로 불린 것처럼 말이다.

   일본어 유래가 분명하지만 대체어가 없고 이미 입에 익었기 때문에 버릴 수 없는 말도 있다. 대표적인 사례가 '가방', '구두' 같은 단어이다. 이 단어들은 이미 국어사전에 등재되어 있고, 우리가 쓰면서도 외래어, 특히 일본어에서 유래한 단어라고 생각하지도 않는다. 이 단어들을 굳이 규정하자면 일본어에서 유래한 한국어 정도라고 할 수 있겠다. 구두는 가죽으로 지은 서양식 신인데 일본을 통해 들어온 문물이니 '구쓰(くつ)'라는 일본어가 '양화(洋靴)'나 '양혜(洋鞋)'와 같은 한자어 표현보다 부르기 쉬워서 그렇게 정착이 되지 않았나 싶다. '가방' 또한 '구두'와 마찬가지로 서양에서 넘어온 물건으로 일본어로 '가반(かばん)'이라고 한다. 그런데 이 두

단어도 일본어 고유의 것이 아니라 다른 나라에서 들어온 것이다. '구쓰'는 어원을 잘 모르고, '가반'도 중국어 내지 네덜란드어에서 유래한 것이 아닐까 하고 짐작한다. 또한 이 단어가 처음 우리나라 매체에 실린 시기는 19세기 말로 확인된다. 이에 근거하면 일제강점기가 시작되기 훨씬 전에 먼저 들어와서 우리말이 된 단어이다.

이 말들은 그 유래가 어디든 이제 우리말이라고 여겨야 한다. 오늘날 우리말에 외래어가 늘어나는 이유는 그만큼 외국과의 교류가 빈번하기 때문이다. 일본과는 싫든 좋든 오랜 기간 가까이 지냈으니 영향을 받은 말이 많을 수밖에 없다. 특수 업종에서 사용되는 일본어는 업계 외부 사람을 배척하는 의미도 약간 있으니 고쳐 쓰는 게 좋지만, 일본어에서 유래한 단어라고 특별히 찜찜하게 여길 필요는 없다.

아, 그리고 하나 더. 중국음식점에서 파는 '짬뽕'도 일본어에서 유래한 단어이다. 나가사키에서 국수, 고기, 야채 따위를 섞어 끓여 먹던 음식을 가리키는 중국어의 남방 언어가 '참폰'으로 표기되고, 그것이 우리나라 중국음식점에서 '초마면'이라 부르던 국수에 덧씌워졌다. 아마도 '청요리점' 주고객이던 일본인들이 초마면을 보고 자신들이 알던 '참폰'과 비슷하기에 그렇게 부르기 시작했을 것이다. 그러면 '짬뽕'은 일본어인가, 중국어인가, 한국어인가? 내 생각에는 이제 '짬뽕'도 한국어이고, 그 음식도 한국 음식이다.

냄비

'냄비'는 어느 나라 말이라고 해야 하나? 물론 국어사전에 올랐으니 우리말이라 해야 한다. 그런데 냄비의 유래는 일본 어의 '나베(なべ)'라고 한다. 냄비와 나베, 초성 둘 빼고는 그리 닮지 않은 것 같다. 이렇게 원래 유래한 단어와 차이가 크다는 것은 말이 들어온 다음 세월이 꽤 흘러서 음운변화가 일어났다는 뜻이다. 냄비는 대체로 '나베-남베-남비-냄비'의 음운변화 과정을 거친 것이라 여겨진다. 그렇다면 일제강점기 훨씬 전부터 이 말이 들어왔다고 봐야 한다.

알다시피 우리네 부엌은 부뚜막에 가마솥을 올린 것이 기본이다. 가마솥은 크고 무겁기에 고정해서 쓸 수밖에 없다. 씻는 것도 통째로 설거지하지 못하고 물을 부어 부셔내야 한다. 가마솥의 '가마'는 도가니를 뜻하는 '감(甘)'에서 왔다고도 하고, '검다'는 뜻에서 왔다고도 한다. 여하튼 '솥' 하면 무겁고 큰 것이 연상된다. 집에서는 가마솥을 이용한다 해도, 야외에서 제를 올리거나 여행할 때 밥을 짓자고 이런 솥을 지고 다닐 수는 없다. 그래서 무쇠처럼 무겁지 않고 잘 깨지지도 않는 놋쇠나 구리로 만든 휴대용 솥이 만들어졌다. 이를 '노구솥'이라 한다. 노구솥은 가마솥 형태로 작게 만든 것도 있고, 그보다 더 납작한 형태도 있었던 듯하다. '노구'란 말은 놋쇠와 구리에서 따온 것 같다고 한다.

그렇다면 일본의 나베가 조선에 들어온 데는 나름대로 이유가 있을 것이다. 조선과 일본이 교류한 것은 오래된 일이다. 조선을 세운 이성계는 왜구를 막는 데 공헌했고, 조선을 세운 바탕에는 그 일로 공을 쌓은 일도 기반이 되었다. 조선 초기에 일본과의 교류를 위해 바닷가 포구에는 일본인이 거주하며 외교나 교역의 일을 보던 왜관(倭館)이 설치되었으며, 서울에는 일본 사신이 묵었던 동평관(東平館)이라는 숙소도 있었다. 이는 일본인의 거주와 행동을 제약하여 우리의 통치 아래에 두려는 방편이기도 했다.

왜관은 한 군데가 아니라 시대와 필요에 따라 여러 곳에 있었다. 낙동강을 거슬러 올라가 경상북도에도 왜관이 있었는데 그곳은 왜관이 지명으로 남았다. 하지만 가장 오랫동안 규모가 큰 왜관이 있었던 곳은 역시 일본과 가까운 부산이었다. 특히 17세기 말에 초량(草梁)으로 이전한 왜관은 규모가 상당했다고 한다. 이쯤 되면 현지인들과의 접촉은 필수적이다. 왜관 생활을 위해서는 장에서 사야 하는 물건이 생기게 마련이고, 주위에는 일본 물건을 얻고자 하는 사람이 들끓기 때문이다. 결국 관에서 막으려 해도 왜관의 일본인과 지역민의 접촉을 막을 수 없는 지경이 된다.

이런 사정으로 왜관 주위에는 사람들이 많았다. 자연스레 왜관에서 먹는 음식도 관심의 대상이 되었다. 특히 이때 왜관의 소재지를 중심으로 '승가기(勝佳妓)'라는 음식이 유행했다. 한자를 풀이하면 '좋은 기생보다 더 좋은' 정도가 되겠지만, 이것은 일본어 발음과 비슷한 한자를 붙인 것일 뿐 별다른 의미는 없다. 이 승가기는 '스키야키'라는 일본 전통 음식이다.

'스키야키'라고 하면 지금은 소고기를 중심으로 한 전골 요리를 떠올리겠지만 이때는 해산물을 기본 재료로 삼은 요리였다. 스키야키가 육류 요리로 바뀐 것은 메이지 유신 이후 고기 섭취를 장려하는 분위기 때문이었다. 고기를 먹지 않아서 일본인의 체력이 부족하다고 생각했기에 해산물 요리였던 스키야키를 고기 요리로 바꾼 것이다. 여하튼 스키야키는 원래 숭어나 도미 같은 생선을 구워 국물을 붓고 채소와 국수를 넣어 끓여 먹는 요리이다. 숯불 위에 놓고 끓이자니 우묵한 노구솥보다 일본의 나베가 좋은 것이다.

이 스키야키가 18세기에는 왜관 인근을 넘어 서울의 사대부 집까지 퍼지고, 19세기에는 충청도 양반집의 음식을 기록한 《주식시의(酒食是義)》란 책에도 등장한다. 일본식 전골냄비로 나베가 등장한 지는 아마 200년은 훨씬 넘기에 나베가 냄비로 변할 만큼의 충분한 시간이 흐른 셈이다. 일본어가 꼭 일제강점기에만 전해진 것은 아니다. '구두'나 '가마니' 또한 일본어에서 유래했지만 이 단어들이 19세기 말 우리나라 신문에 처음 출현하는 걸 봐서 도입된 시기는 19세기 정도가 아닐까 추측한다. 물론 일본어는 우리가 알게 모르게 해방 이후에도, 또 지금까지도 계속 유입되고 있다.

순대와 사돈

'순대'와 '사돈'이란 두 단어에는 어떤 연관성이 있을까? 누군가는 "사돈은 순대를 좋아한다"라고 '허무 개그'를 떠올릴 것이다. 아니면 두 글자 단어이고, 첫 글자 초성은 시옷이고, 둘째 글자 초성은 디귿으로 시작한다는 공통점을 발견할 것이다. 그러나 그 정도의 공통점이 있는 단어의 짝은 얼마든지 찾을 수 있다. 이 두 단어의 가장 큰 연관성은 만주어에서 비롯된 어휘라는 것이다.

 '만주'란 말은 지금의 중국 북동쪽에 거주하던 여진인을 뜻한다. 원래 '만주'란 말은 '문수보살의 신도'를 가리키는 만주어라 하는데, 이는 대체로 명·청(明·淸)의 교체기에 생겨난 말이다. 여진인은 고조선·부여·고구려·발해가 있을 때부터 우리와 함께 살았던 부족이며 고려와 조선에 이르기까지 좋든 싫든 밀접한 관계를 맺었던 사람들이다. 여진족은 말갈 또는 만주족이라 부르기도 했으며 조선을 세운 이성계와도 깊은 관계를 맺고 있었다.

게다가 이들은 금(金)나라를 세워 중국 북부 중원을 차지하기도 했으며, 몽골에 제압당했다가 명나라를 거친 후 청나라를 세워 중국 역사상 가장 넓은 영역을 다스리기도 했다. 또한 만주족은 자신의 언어가 있었다. 비록 아랍–위구르–몽골을 거친 문자이기는 해도 자신의 언어를 표기하기 위한 문자도 가졌다. 그러나 그들이 중국을 다스리면서 스스로 중국의 문자와 말, 문화를 선택했기에 이제 만주어는 사어가 되고 말았다. 하지만 중국어와 우리말에는 만주어의 흔적이 곳곳에 남아 있다.

우리말의 '보름'이란 말도 만주어에서 유래했다고 한다. 만주어로 한 달의 가운데를 '볻'이라 했고, 이것이 우리나라에 와서 음운변화를 거쳐 '보름'이 되었다. 해장국에 들어가는 소와 돼지의 굳은 핏덩어리를 '선지'라고 하는데, 이것 역시 만주어에서 유래했으며 '순대' 또한 마찬가지이다. 만주어에는 대체로 짐승, 특히 돼지와 관련된 어휘가 많다. 이것은 만주의 여진족이 주로 수렵과 농사로 생활을 영위한 것과 관계가 깊다.

'선지'나 '순대' 같은 만주어에서 유래한 말은 평안도나 함경도의 만주 접경 지역을 통해 들어와 음식과 함께 우리나라 전역으로 퍼졌다. 특히 순대는 만주 접경인 평안도와 함경도를 대표하는 음식으로 한국전쟁 당시 이북 사람들이 남쪽으로 대거 이동하면서 전국으로 퍼졌다.

우리말 '사돈'은 만주어 '사둔'에서 유래했다. 사전을 찾아보면 '사돈(査頓)'이란 한자어가 붙어 있지만, 이는 이두식 조어법으로 뜻과 상관없이 한자 발음만 빌린 것이다. 그런데 '사돈'을 대신하는 우리말을 찾을 수 없다. 신랑과 신부가 결혼하면 각자 입장에 따라 친가(親家), 시가(媤家), 처가(妻家)로 부르는 말이 있을 뿐이지 두 집안 관계를 아우르는 어휘는 없다.

이 말이 만주어에서 유래되었다 해도 '사돈의 팔촌'이니 '사돈 남 말한다'와 같은 숙어가 익숙하게 쓰이는 걸 보면, 언중이 이 말을 오랫동안 폭넓게 써왔음을 알 수 있다. 다른 한편으로는 한자로 이루어진 친족 관계를 지칭하는 말을 한자로 쓴 것은 오랫동안 유교의 영향을 받았으니 당연하게 여겨지지만, 만주어가 유입되어 친족 관계를 설명하는 우리말로 자리를 잡은 것은 의외라는 생각이 든다. 짐작이기는 하지만 만주와 이웃하던 평안도와 함경도에서는 두 민족이 서로 부대끼며 살다 보니 젊은 남녀가 서로 사랑에 빠져 혼인하는 경우도 적지 않았을 것이고, 그 결과 서로 사돈을 맺는 상황도 적지 않았을 터이다. 그때 두 집안의 관계를 표현하기 위해 만주어의 '사둔'이란 말을 슬쩍 차용한 것이 아닐까 하는 생각이 든다. 가깝지만 어려운 관계인 사돈 관계와 인척 관계를 뜻하는 친가와 시가를 한꺼번에 묶어 지칭할 수 있으니 편리하게 사용할 수 있지 않았을까 짐작해본다.

　우리 민족을 순수한 혈통인 것처럼 여기는 사람이 적지 않은데 우리말에 들어온 몽골어, 만주어, 거란어 등을 보면 그렇지 않았을 것이라는 사실은 쉽게 유추할 수 있다. 순수 혈통주의는 위정자들이나 선동가들이 외치는 구호일 뿐이고, 세상은 이웃하는 사람들끼리 어울려 교류하며 지내는 것이다. 오래전에도 한반도에는 멀리에서 온 아랍 상인을 비롯한 여러 국적의 외국인이 건너왔다. 그들의 일부는 이 땅에 뿌리내리고 어울려 살았음을 우리말이 증명한다.

그대가 그녀에게

우리말에서 '그'는 대명사나 관형사로 쓴다. 여기서 파생된 말들이 많은데 '그래서', '그렇다', '그리고', '그러나', '그동안' 등이 그것들이다. 처음에는 명사에 관형사를 더해 썼겠지만 '그대', '그놈', '그이', '그녀'와 같은 말들은 이제 대명사로 쓰인다. '그 자식'이나 '그 친구' 같은 경우는 아직 관형사와 명사의 조합이지만 언젠가 대명사로 바뀌게 될 수도 있다.

그렇다면 '그'는 본디 우리말일까, 아니면 한자어일까? 이 대답은 의외로 한자 사전을 찾으면 금세 해결된다. 사전에서는 '기(其)'라는 글자의 뜻을 '그'라고 풀이한다. 'ㅡ'와 'ㅣ'의 발음 차이가 있지만 한자어로는 아직 '기'로 쓴다. '실제로'라는 뜻인 '기실(其實)'이란 단어는 '기'로 썼지만 뜻은 '그것이 실제로'란 뜻이다. '기'가 '그'가 된 것은 원래 발음이 '그'라서 두 발음이 모두 있었기 때문이다.

그렇다면 한자의 '기(其)'는 무엇인데 3인칭 대명사로 쓰였을까? '기(其)'는 망태기처럼 생긴 운반 도구를 상형한 글자이다. 아마도 도구의 무게가 느껴지지 않게 대나무로 짠 가볍고 질긴 물건이었을 것이다. '건물을 짓기 위해 닦은 터'라는 뜻의 '기(基)'는 이 망태기(其)에 흙(土)을 담아 쌓아서 다진 것을 두고 상형한 글자이다. 여기에 넣어 운반하는 물건은 어떤 모양의 것이라도 가능할 것이다. '기(其)'가 3인칭 대명사로 쓰이기 시작한 것은 망태기에 들어 있는 '그것'을 가리키기 때문일 것이다.

우리말에서 3인칭 대명사로 쓰이는 또 다른 단어에는 '저'가 있다. '저'는 본디 '뎌'가 변형된 말로 '그'와 같이 어울려 쓰이는 경우가 많은 것을 보면 거의 같은 뜻이다. '그'와 '저'가 어울려 쓰이는 단어에는 '그나저나', '그냥저냥', '그럭저럭', '그런저런' 등이 있다. 하지만 여기서도 '그'가 항상 먼저 나오는 것과 '저'의 쓰임새가 '그'보다 훨씬 적은 것을 보면 요즘 대세는 '그'이다. '그냥저냥'의 '냥'은 '양(樣)'이란 한자어로 '그 모양'이란 뜻이다. 그래서 '그냥저냥'이 '그 모양으로 변화 없이 그대로인 상태'를 뜻하게 되었다.

'그'는 어떤 것을 지시하는 역할을 하기에 쓰임새가 넓다. 사람과 사물을 지시하기도 하고 상태를 이르기도 하며 시간과 공간을 지칭할 수도 있다. '그렇다', '그래서', '그리고', '그러면'과 같은 경우도 전부 '그'에서 파생된 낱말이다. '그렇다'가 '그러하다'의, '그래서'가 '그리하여서'의 준말임을 상기하면 쉽게 이해된다.

시간에 쓰이는 '그'는 '그때', '그다음', '그동안' 또는 '그간' 같은 것들이 쉽게 눈에 띈다. '그저께', '그끄저께', '그글피'와 같은 단어들은 한 번은 더 생각해야 '그'의 뜻을 분명히 알 수 있다. '그저께'는 어제의 그 전날이고, '그끄저께'는 그저께의 그 전날이다. '그글피'는 글피의 그다음 날인데 '그그글피'라고 만들지 않은 까닭은 '그'가 세 번 겹쳐서 의미가 왜곡되어 전달될 수 있기 때문일 것이다.

'그까짓'은 '(겨우) 그것까지의'라는 뜻을 함축하여 '겨우 그만한 정도'를 뜻하는 관형사로 쓰인다. 이것과는 조금 뜻이 다르지만 '그따위'는 형질상 동류를 뜻하는 대명사나 관형사로 쓴다. '그나마'와 '그다지' 같은 부사의 '그'도 같은 뜻임을 쉽게 알 수 있다. '그나마'는 '그것이나마'를 줄인 형태이고, '그다지'는 '그렇다고 하지'를 축약하며 부정적인 뜻까지를 아우르게 된 단어이다.

3인칭의 대명사나 관형사가 가장 잘 결합할 수 있는 것은 사람을 가리키는 단어이다. '그대'는 2인칭으로 쓰이지만 그 것은 2인칭을 직접 호칭하지 않고 3인칭을 빌려다 에둘러 표현하는 우리말의 특성 때문이다. '그이'라는 대명사도 있다. '이이', '저이'라는 대명사도 있지만 이 3인칭 대명사는 여자가 자신의 남편이나 애인을 남에게 지칭할 때 특화된 단어이다. 하지만 '그이'도 시대의 추이에 따라 점차 사용 빈도가 쇠락하는 느낌이다.

'그 사람'을 비하할 때는 '그자'와 '그놈'이라고 하는데, '그자'에 쓰인 '자'가 '놈 자(者)'임에도 '그놈'이 '그자'보다는 조금 더 멸시하는 뉘앙스가 강하다고 느껴진다. 같은 뜻이라 해도 한자로 쓰면 조금 더 대접해주는 것 같다. 보통 문학작품에서 3인칭으로 '그'와 '그녀'를 많이 쓴다. '그'에는 어디에도 성별 구별이 없지만 대개 '그'는 남성을, 여성은 특별히 '그녀'라고 표기한다. '그녀'는 '그'가 포함된 대명사 가운데 비교적 늦게 태어난 말로 일본어의 '카노조(彼女)'를 번역한 말이다.

한자인지 아닌지 긴가민가한 것 ①: 시시하다, 쓸쓸하다

한자어에서 유래한 '그'가 우리말의 3인칭을 잠식하면서 영역을 넓혀왔지만, 원래 한자 발음이 바뀌면서 마치 한자어가 아닌 척하는 용언도 있다. '긴가민가하다'는 '그런가 아닌가 명확하지 않다'라는 뜻인데, 이 말의 어원은 '기연(其然)가미연(未然)가하다'이다. '긴가민가'는 '그런가 아닌가'의 한문식 어투인 셈이다. 다만 음운의 축약이 우리말처럼 느끼게 한 것일 뿐이다. 이렇게 음운이 변화하여 우리말처럼 느껴지는 용언들이 몇몇 더 있다.

'보잘것없다'라는 뜻의 '시시하다'도 그 가운데 하나이다. '시시'는 원래 '세세(細細)'라는 한자였다. 지금도 여전히 '매우 자세하다'라는 뜻으로 '세세하다'를 쓴다. 요즘 자주 쓰는 어투로 치자면 '디테일이 살아 있다'의 옛 형태이다. 그런데 '세세하다'를 사전에서 찾아보면 두 번째 뜻풀이가 '너무 잘아서 보잘것없다'이니 바로 이것이 '시시하다'이다. 이로써

'세세하다'의 한 가지 쓰임이 '시시하다'로 변화했음을 알 수 있다. 무엇 때문에 'ㅔ'가 'ㅣ'로 변화했는지는 몰라도 모음이 시대에 따라 변화함은 일상적이다.

'외롭고 적적하다'라는 뜻으로 쓰는 '쓸쓸하다'도 아무리 봐도 한자어 같다는 생각이 들지 않는다. 무엇보다도 '쓸'이란 음을 가진 한자가 없는 까닭일 텐데, 이 단어의 뜻풀이로 사용된 '적적하다'는 한눈에 한자어임을 알 수 있다. '적(寂)'은 '사람 없는 빈집의 고요함'을 뜻하는 글자이다. 그러니 '적적'은 아주 조용한 상태를 이른다. 이런 조용한 상태를 말하는 '적적하다'의 의미를 사전에서 찾으면 '조용하고 쓸쓸하다'이다. '쓸쓸'은 '적적'으로 풀이하고 '적적'은 '쓸쓸'로 풀이한다. 사전에는 이렇게 뱀이 서로의 꼬리를 물고 있는 것 같은 도돌이표 풀이가 꽤 많다.

여하튼 '쓸쓸하다'는 '슬슬하다'가 강한 음운으로 바뀐 것이다. 바뀐 이유를 추측하자면 '슬그머니 행동하는 모양새'를 나타내는 부사 '슬슬'이 있기 때문이 아닌가 짐작한다. 같은 발음의 다른 뜻을 가진 단어이고, 둘 다 사용 빈도가 높아 구분할 필요가 있어 하나는 된소리로 변했다고 볼 수 있다. '슬(瑟)'은 옛날 현악기로 '큰 거문고'라는 훈이 붙었지만 지금의 거문고와는 모양이 다르다는 것만 알 뿐 구체적으로 어떤 형태인지 모른다. 다만 음색이 어둡고 침울해서 슬픈 소리를 낸다고 전해진다. '가을바람 소슬하니' 할 때의 '소슬(蕭瑟)'도 이 '슬' 자를 쓰며 '소(蕭)'는 풀피리 소리이다. 그러니까 '쓸쓸하다'는 본디 '적적하다'처럼 조용한 상태를 이르는 것은 아니다.

앞의 용언들은 대체로 한자어 같지 않은 것들이지만 긴가민가한 것들도 있다. '호락호락하다'는 발음으로 보면 대체로 한자어에서 유래한 것 같기는 한데, 한자를 잘 아는 사람도 어떤 글자를 써야 맞는지 추측이 어렵다. 그 까닭은 원래 음이 변형되었기 때문으로 '호락호락'은 '홀약홀약(忽弱忽弱)'이 변한 말이다. '호락호락'과 '홀약홀약'은 음운의 차이가 그다지 크지 않다. 받침은 연음되고, 이중모음(ㅑ)이 단모음(ㅏ)으로 바뀌었을 뿐이다.

'홀(忽)'은 보통 '갑자기', '느닷없이'란 뜻으로 쓰이는 한자이다. 여기서는 '소홀(疏忽)하다'처럼 '가볍고 대수롭지 않다'라는 뜻으로 써서 '약(弱)함'과 서로 뜻을 부추겨주는 중첩어를 이룬다. 그러니 '홀약홀약'은 약하고 가벼워 다루기 쉽다는 말이고, 한자어 본뜻 그대로 '유약하다'라는 의미로 쓰이기도 하지만 대체로 부정적인 서술형인 '않다'와 결합하여 '만만하지 않다'라는 뜻으로 쓰인다.

이것 말고 '흐지부지'는 한자어인지 토박이말인지 헷갈리는 어휘이다. '지'가 두 번 겹쳐 들어간 것을 보면 한자어 같고, '흐'라고 했을 때 떠오르는 한자가 없는 것을 보면 토박이말 같다. 그러나 '흐지부지'는 한자어 '휘지비지(諱之秘之)'에 음운변화가 일어난 어휘이다. '지(之)'는 중국 고문에서 조사나 대명사로 쓰이는데, 여기서는 대명사로 사용되어 '그것'이란 뜻을 나타낸다. '휘'가 '흐'로 변한 것은 먼저 중모음이 단모음으로 바뀌고, 그에 따라 '비'도 모음조화로 '부'라는 발음이 된 것이다.

'휘(諱)'는 '숨기거나 꺼리다'라는 뜻이지만 이렇게만 설명하면 정확히 어떤 의미인지 감이 오지 않을 수 있다. 우리가 아버지나 할아버지의 성함을 남에게 이야기할 때 '○자, ○자'라고 이야기한다. 그것은 어른의 성함을 함부로 부르면 안 된다는 전통 관습 때문이다. 봉건 시대에는 집안 어른보다 더 높은 임금의 이름자는 재위 기간 중에 함부로 글에 쓰지 못했다. 그래서 이름자 중 한 글자가 통째로 사라지고, 꼭 그 글자가 들어가야 할 때는 다른 글자를 빌려서 썼다. '비

(秘)'는 '비밀'처럼 숨긴다는 뜻이다. 그러므로 '휘지비지'는 숨겨서 없는 것처럼 만드는 일이다. 이 낱말은 생각보다 고풍스럽다.

한자인지 아닌지 긴가민가한 것 ②: 으레, 나중, 잠깐, 조용히

우리말에 한자어 사용이 많으니 자연스럽게 토박이말처럼 여기는 것들이 있다. 이를테면 '으레', '나중', '잠깐', '조용히'가 그렇다. 이 단어들을 한자어라 생각하면서 쓰는 사람은 거의 없다. 그리고 이미 한자 본연의 음도 바뀌었기 때문에 한자어라 할 수도 없다. 그러나 그 어원을 살피면 토박이말이라 할 수는 없음을 알게 된다.

'당연히'나 '언제나'의 뜻으로 쓰이는 '으레'의 어원은 '의례(宜例)'이다. '의(宜)'는 '마땅하다'라는 뜻이고 '례(例)'는 '법식 례'인데, '법식'이란 말이 다소 어렵다. '사례(事例)'라는 낱말에서 보듯이 '어떤 틀을 갖춘 보기'라 해석하는 것이 좋겠다. 원래 뜻에서 크게 벗어나지는 않았지만 꼭 들어맞게 쓰는 것도 아닌 것 같다.

'나중'이란 말은 '내종(乃終)'이란 한자가 변한 말이다. '내(乃)'는 '곧', '그러나', '~이다'처럼 여러 뜻으로 쓰이는 글자이다. 그래서 '내종'은 '마지막에는'이란 뜻이나 지금은 '뒤에'라는 뜻으로 약간 의미가 바뀌었다. '잠깐'도 '잠간(暫間)'이란 한자어가 경음화한 것이다. '잠(暫)'은 '짧은 시간', '간(間)'은 '틈'이란 의미이니 뜻은 변함이 없다. 발음이 바뀌지 않았지만 '별안간(瞥眼間)'도 보통 한자어로 생각하지 않는 단어이다. 본래 뜻은 '눈 깜짝할 사이'처럼 아주 짧은 시간을 뜻하는데 이제는 '갑작스럽다'라는 뜻으로 더 많이 쓰인다. '어차피(於此彼)'도 한자어로 생각하지 않지만 '이러나 저러나'의 한자식 표현이다.

　'조용히' 또한 '종용(從容)'이란 한자어에서 유래했다. '종(從)'은 '따르다'라는 뜻이고, '용(容)'은 보통 '얼굴'이란 뜻이지만 여기서는 '조용하다' 또는 '순하다'라는 뜻이다. 결국 군말 없이 잘 따른다는 말이 '조용하다'라는 뜻이 되었다. 그 원래 한자어 역시 지금도 쓰인다. 지금 쓰는 한자어 '종용하다'는 '성격이나 태도가 차분하고 침착하다'라는 뜻이다. 또 '잘 설득하여 달래어 권하다'라는 뜻으로 쓰는 '종용하다'도 있는데, 이때는 '종용(慫慂)'으로 다른 한자를 쓰는 다른 말이다.

　한자어가 음이 바뀌어 우리말처럼 쓰이는 것은 의외로 많다. '어영부영'과 같은 말은 그리 오래된 말이 아니다. 별다른 일 없이 되는대로 지내는 것을 '어영부영하다'라고 하는데, 이는 '어영비영(御營非營)'에서 유래한 단어이다. '어영'은 '어영청(御營廳)'을 뜻하는데, 인조 때 창설된 왕의 직할 군대이니 가장 정예군인 셈이다. 그러던 정예군이 '군대가 아닌 것(非營)'인 오합지졸이 되었다는 것이다. 군인인 척하지만 훈련도 안 하고 기개도 없는 군대가 하는 일은 밥을 축내며 어영부영하는 일밖에 없다.

끈질기며 억세게 일하는 사람을 '억척'이라고 한다. '억척'은 한자어 '악착(齷齪)'에 모음교체가 일어난 단어이다. 한자에서 보듯이 두 글자에 모두 이빨을 뜻하는 '치(齒)'가 들어가 있다. 이를 앙다물 정도로 마음을 굳게 먹고 힘을 쓴다는 말이다. 그러나 '억척스럽게'라고 하듯이 '악착스럽게'라는 말도 남아 있고 '악착같이'란 말도 자주 쓴다. '억척'이란 말이 있다고 해서 '악착'까지 없어지지는 않았다. '재촉하다'도 한자음이 변한 사례이다. 한자어에서는 '최촉(催促)'인데 '재촉'으로 변한 것이다. 이 두 글자 모두 '사람 인(亻) 변'인데 '인위적이고 억지로 하다'라는 뜻이 들어 있다. 잠을 억지로 들게 유도하는 '최면(催眠)'이나 억지 눈물을 흘리게 한다는 '최루(催淚)'의 뜻을 생각하면 느낌이 올 것이다.

산이나 들에서 짐승을 잡는 것을 '사냥'이라 한다. 이 단어를 보면 한자 같은 구석이 없지만 이것 역시 한자에서 나온 말이다. 우리나라는 산이 많은 곳이니 주로 산에서 동물을 잡았다. 그래서 '산행(山行)'이 '사냥'이 된 것이다. '사냥'이란 말이 새로 생겼지만 '산행' 역시 '산에 가다'라는 뜻으로 여전히 쓰인다. 이를 닦고 물로 가시는 것을 '양치질'이라 한다. 이것도 한자와는 아무 상관이 없을 것 같지만 역시 한자에서 유래했다. 예전에 칫솔이 있었을 리 만무하기에 부드러운 버드나무 가지를 꺾어 이에 끼인 것을 정리하고 물로 가셨다. 버드나무 가지가 한자로 '양지(楊枝)'이기에 '양치질'이 되었다.

명사에도 토박이말 같은 한자에서 유래한 단어들이 꽤 있다. '피리'는 '필률(觱篥)'이란 한자어에서 유래한 악기 이름이고, '낙지'는 '락제(絡蹄)'에서 비롯한 이름이다. '비단'은 '필단(匹段)'이 변해서 생긴 말이고, '마고자'는 '마괘자(馬掛子)'에서 나온 말이다. 부부 사이를 뜻하는 '금실'은 '금슬(琴瑟)'에서 온 것이고, 가을에 열리는 '대추'는 '대조(大棗)'에서 유래했다. 책상이나 가구에 달린 '서랍'은 한자어로 '혀처럼 넣었다 뺐다 할 수 있는 상자'라는 뜻의 '설합(舌盒)'이 변한 것이고, 법랑이나 알루미늄으로 만든 그릇을 '양재기'라 부르는 것은 '서양에서 건너온 자기 그릇'이란 뜻의 '양자기 (洋磁器)'가 변한 말이고, '절구'는 한자어 '저구(杵臼)'가 변한 말이다. 이렇듯 한자어에서 유래한 우리말은 끝이 없을 정도로 많다. 이 가운데 음이 변한 것은 이미 완전하게 우리말로 귀화했다고 쳐도 좋다. 그래서 이런 단어들은 국어사전에도 괄호로 한자를 표기하지 않는다.

한자어 같지만 우리말인 말

우리말이 오랫동안 한자어와 함께하다 보니 우리말처럼 쓰이는 것도 있지만 우리말인데도 한자에서 온 것이 아닌가 하는 의심이 드는 낱말도 있다. 이를테면 상거래에서 쓰이는 '외상'이란 단어가 그렇다. 나중에 값을 치르기로 하고 물건을 사거나 파는 일을 '외상'이라 한다. 예전에는 외상 거래를 하지 않는다고 알리기 위해 가게 밖에 '외상금지(外上禁止)'라고 한자로 써 붙인 곳도 있었다. 돈이 아직 오가지 않았으니 '밖에 올려둔 것'이라 해석할 수도 있을지 모르겠다. 그렇지만 '외상'은 토박이말로 이를 '外上'이라 쓴 것은 이두식 표현이다. '외상'은 옛날 관에서 받아야 할 곡식이나 돈이 들어오지 않은 것을 뜻하던 우리말이다.

우리말인데 한자어에서 온 것이 아닌가 하는 생각이 드는 이유는 두 가지이다. 우선 발음이 한자어와 비슷한 낱말들이 있을 때 한자어인가 하는 의심이 든다. 다른 하나는 토박이

말과 한자가 결합하여 생긴 말일 경우이다. 한자어는 비교적 발음이 풍부한 편이 아니며 대체로 고유한 특성이 있다. 더 군다나 한자는 많지 않은 발음을 보완하기 위해 성조(聲調)가 있었으며, 그 가운데 입성(入聲)은 〔ㄱ〕, 〔ㄷ〕, 〔ㅂ〕, 〔ㅅ〕 같은 닫힌 소리가 짧고 강하게 나기 때문에 다른 우리말과 차이가 있다. 이 입성은 고대 한자 음운의 중요한 특징이고, 우리말 한자 발음은 이를 잘 보존하고 있다.

가령 '자작나무' 같은 경우에 '나무' 앞에 붙는 단어 '자작' 이 한자처럼 느껴지는 것은 '작'이 이런 입성과 비슷하기 때문이다. 그래서 자작나무가 마치 한자로 된 나무 이름인 것처럼 느껴진다. 하지만 자작나무는 엄연히 '백화목(白樺木)' 이란 한자 이름이 따로 있다. '자작나무'라는 이름의 유래는 이 나무를 불에 태울 때 '자작자작' 하는 소리가 난다고 해서 의성어가 이름이 된 것이다. '소쩍새', '부엉이'처럼 새 이름의 경우 의성어가 곧 이름이 되는 예가 흔하다.

'흉보다'의 '흉'도 흔히 '흉할 흉(凶)'을 떠올리며 한자라고 생각한다. 그렇지만 '흉(凶)'은 '더욱 끔찍한 재난'을 뜻한다. '흉보다'의 '흉'은 '흉터'의 '흉'으로 '헐거나 다친 곳의 아문 자리'를 뜻한다.

상거래에서 주고받는 '어음'이란 낱말도 흔히 한자어로 오
인하곤 한다. 어음의 옛말은 '어험'으로 '어'는 '자르다'라는
뜻이고 '음'은 접사로 여기서는 '종이'를 뜻한다. 곧 어음은
얼마를 지불하겠다는 내용의 글을 종이 하나에 쓰고, 그것을
잘라 보관하다가 특정 장소에서 맞추어보고 현금을 지급하
는 방식이다.

'힘들지 않다'라는 뜻의 '수월하다'도 '수월'이란 발음이
한자의 조합처럼 느껴져 한자어로 여길 수 있는 낱말이다.
그러나 이는 '쉽다'의 '쉽'과 접사 '얼'이 합쳐진 다음 'ㅂ'이
탈락하여 '수월'이 된 것이다. '고요하다'도 마치 한자어처럼
느끼기 쉽다. 하지만 이것도 '괴괴하다'의 '괴'와 '외롭다'의
'외'가 합쳐진 '괴외하다'가 '고요하다'로 변했을 뿐이다.

토박이말과 한자어를 같이 쓴 세월이 길기에 그사이 이들
사이의 결합도 빈번히 이루어졌다. 여기에는 한자 발음이 남
아 있으니 어느 정도 한자어처럼 보이는 것은 당연하다. 바
라던 것을 보고 기뻐하는 모습을 '반색하다'라고 표현한다.
여기서 '반'은 '반갑다'나 '반기다'에서 온 것이고, '색'은 '기
색(氣色)'을 뜻한다. '반색'의 전체 뜻은 '반가운 기색'이니 이
낱말의 뜻을 우리말과 한자어가 함께 이루는 셈이다.

　'애가 타다'의 '애'는 초조한 마음속을 일컫는 말이다. 속마음이 불에 타듯 힘들다는 이야기이다. '애절하다'는 이 '애'와 '절(切)'이 합쳐져 생긴 말로 '견디기 어렵게 애가 타다'라는 뜻이다. '애절하다'의 한자 동음이의어인 '애절(哀切)하다'는 '몹시 애처롭고 슬프다'라는 뜻이다. 지갑이 '얄팍하다'라고 할 때의 '얄팍'도 '얇다'라는 동일한 뜻을 가리키는 우리말 '얇'과 한자어 '박(薄)'이 합쳐진 의미 중첩 결합이다. 하지만 한자음 '박'이 '팍'으로 변화해 한자어 느낌은 없다. 반면에 '익숙하다'는 '익다'라는 동일한 뜻을 가리키는 우리말 '익'과 한자어 '숙(熟)'이 합쳐진 의미 중첩 결합임에도 발음 때문에 '익숙하다'의 어근 '익숙' 전체를 한자어라 여기는 경향이 있다.

한자와 우리말이 섞인 어휘

우리말에 한자어가 많은 것은 당연하다. 글자가 없던 시절에 한자와 함께 한자어가 들어왔고, 새로운 문물과 함께 한자가 많이 쓰였으며, 또 이것이 우리말과 뒤섞이는 것은 정해진 순서였다. 지금 우리도 새로 들어온 영어와 우리말을 얼마나 뒤섞어 사용하는지 보면 옛날도 크게 다르지 않았음을 쉽게 짐작할 수 있다. 가령 갖가지 별로 쓸모없는 사람들을 일컫는 '어중이떠중이'란 말을 보자. 여기서 '어중(於中)'은 '무리 가운데 있다'라는 한자어이고, '이'는 사람을 이르는 우리말이다. '떠'는 '뜨다'에서 나온 단어 '떠돌다'로부터 비롯된 것이고, '중(中)'은 가운데, '이'는 사람을 뜻한다. 그러니 '어중이떠중이'는 '무리 가운데 특색 없는 사람이거나 떠돌이 가운데 하나'라는 뜻을 한자와 우리말을 재료로 해서 맛깔스럽게 버무려낸 어휘이다.

이런 말들은 심심치 않게 찾아볼 수 있다. '성격이 외곬으로 곧아 융통성이 없다'라는 뜻으로 쓰이는 '고지식하다'란 말도 그런 예이다. '고'는 '곧다'에서 나온 말로 여기에 접사인 '이'가 붙어 만들어진 '곧이'가 '고지'로 변한 말이다. '식(識)'은 '앎'을 뜻하는 한자이다. 본래 '고지식'은 흔들리지 않은 '곧바른 앎'을 뜻하는 좋은 말인데, 그 강직함이 험하고 비뚤어진 세상에서 밉보여 '융통성 없는'이란 나쁜 뜻으로 변했다. 또 '개차반'이란 말도 우리말 '개'와 한자어 '차반(茶飯)'이 합쳐진 복합어로 '개가 먹는 음식처럼 거칠고 나쁘다'라는 뜻을 표현한다.

'한밤중'이란 뜻으로 이야기할 때 '야밤중' 또는 '오밤중'이란 표현을 쓰기도 한다. 여기서 '야(夜)'와 '오(午)'는 한자로 '야밤중'과 '오밤중'은 한자 두 글자와 '밤'이라는 토박이말 한 글자가 합쳐진 단어이다. '야밤'은 같은 뜻을 중첩시켜 '깊은 밤'을 가리킨다. '오밤'의 '오'는 12지 가운데 일곱 번째로 한가운데다. '정오(正午)'면 낮 12시를 뜻하니 이 글자를 가지고 '가운데'라는 뜻으로 써서 '한밤'의 의미를 만든 것이다. 옛사람들은 하루를 지금처럼 24시가 아닌 열둘로 나누었으니 '오시'는 한낮이다.

'이 동네 저 동네'라는 뜻의 '동네방네'란 말이 있다. '동네'야 자주 쓰이는 말이지만 '방네'는 요즘 쓰이는 일이 없는 어휘이다. 국어사전에서 이 어휘를 찾아보면 괄호를 하고 '洞네坊네'라 적고 있다. 조선 시대 서울의 행정구역 이름으로 '순화방' 같은 것이 있었는데, 여기에 쓰인 '방'이 바로 그 '방네'이니 그냥 대구를 맞추기 위한 것은 아님을 알 수 있다. 하지만 '동네'가 꼭 한자어일까 하는 의문이 남는다.

'동네'란 말은 '동내(洞內)'라는 한자어가 변한 것이라 한다. 그러니까 '마을 안'이라는 뜻으로 '동내'라 쓰던 것이 '동네'가 되었다는 말이다. 또 '동리(洞里)'라는 단어가 있다. 행정단위로 작은 시골 마을을 뜻하는 두 글자를 모아놓은 것이다. 여기서 마을을 가리키는 '리(里)'는 중국과 우리나라 둘 다 쓰던 단위이지만 '동'은 우리만 쓰던 단위이다. 가령 '청학동'처럼 대개 골짜기에 있던 작은 마을을 뜻하는 단어인 것 같다. 그런데 그 '동(洞)'은 '동굴'을 뜻하는 글자이다. 물론 골짜기에 동굴이 여럿 있어 마을을 이루고 살았을 수는 있겠다. 그렇다고 해서 '동'이 꼭 그런 곳만을 지칭하는 낱말은 아니다. 아마도 토박이말로 '동'은 '작은 마을'을 뜻하는 어휘였고, 이를 이두식으로 표현하면서 '동굴 동'을 붙이지 않았나 싶다. 그렇다면 국어사전에 '동네坊네'로 적어야 옳지 않을까 한다.

커피나 차의 농도가 짙을 때 쓰는 '진하다'라는 말도 사전을 찾으면 괄호 안에 '津하다'로 적혀 있다. 한자어에 보조동사 '-하다'가 붙은 용언이라는 이야기이다. 그런데 '진(津)'은 우리가 '나루'라는 뜻으로 쓰는 한자여서 왜 이런 한자어가 그런 뜻이 되었을까 하는 의문을 품게 한다. 그러나 이 글자에는 '나루'라는 뜻만 있는 게 아니다. 침이나 땀과 같은 체액과 풀이나 나무에서 분비되는 액체를 뜻하기도 한다. 우리말에 동음이의어가 있는 것과 같이 한자도 비슷한 글자가 한 글자로 합쳐지는 경우가 있고, 한 글자에 여러 뜻이 있는 경우도 있다. 가령 '진을 빼다'는 '체액이 고갈되도록 힘을 쓰다'라는 뜻이 되고, '송진(松津)'은 '소나무 수액'을 뜻하는 것을 보면 그 점을 알 수 있다.

체액이나 수액은 그냥 맹물과는 달리 무엇인가가 들어 있어 걸쭉한 느낌이고, 여기서 '진하다'라는 뜻이 나왔다. 가령 물에 녹은 수용성 물질이 많으면 이를 '진하다'라고 표현한다. '진'은 '침'이라는 뜻이 있어서인지 타액과 연관된 쓰임새도 있다. 가령 맛이 있는 것을 보면 침샘을 자극해 입에 침이 가득 고이고, 참지 못할 정도로 침이 많이 나오면 흘러넘

치게 마련이다. '흥미진진(興味津津)하다'라는 어휘의 구조를 보면 '흥도 재미도 넘쳐흐르다'라는 의미인데, 여기서 넘쳐흐르는 것은 짐작건대 침일 것이다.

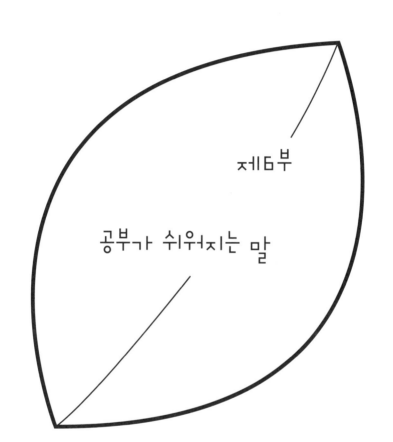

제6부

공부가 쉬워지는 말

마름모꼴, 부채꼴

수학에 쓰이는 용어들은 대개 번역된 한자어이기 때문에 이해하기 어려운 경우가 많다. 이들은 대개 서양의 수학 용어를 한자어로 번역하여 그 개념이 와닿지 않기 때문이다. 가령 '함수(函數)'라는 용어는 영어로 '펑션(Function)'이라는 일상적인 단어인데, 번역어의 '함(函)'은 잘 모르는 글자라 어려운 개념이 되고 만다. 그러나 '함'은 우리가 '상자'란 뜻으로 많이 쓰는 글자로 '사물함'이나 '도구함' 같은 단어들에서 쓰인다. '상자'라는 뜻에서 '집어넣다'라는 뜻이 생겨났고, 수학에서 어떤 수를 집어넣어 그에 대응하는 다른 수가 나오는 것을 뜻하게 된 것이다.

수학 용어가 까다로운 한자로 번역됨으로써 수학을 어렵게 여기지 않도록 그 용어를 서양처럼 일상어로 바꾸자는 주장도 있다. 하지만 수학자들은 수학 용어가 일상어와 뒤섞이면 수학의 특별한 개념이 영향을 받을 수 있다고 반대한다.

하지만 수학 용어에는 한자가 지나치게 많다. 물론 수학만이 아니라 물리학이나 생물학 같은 경우에도 난해한 한자 용어가 많고, 법학이나 경제학 같은 사회과학은 더하다. 일본을 통해 대부분 서구의 학문이 들어왔기에 일본이 번역한 한자 용어를 쓰다 보니 그런 면도 있다. 또 단순한 형식의 조어를 하는 데는 한자가 편하기 때문이기도 하다. 그래서 서구 학문을 직접 접한 후에도 일본의 번역을 많이 참조해서 번역 용어를 정하는 일도 있다.

수학 가운데 기하학(幾何學)에서 다루는 도형 이름을 보면 수학에서의 한자 편향성이 드러난다. 물론 '지오메트리(Geometry)'를 번역한 '기하(幾何)'도 '얼마'라는 뜻을 지닌 한자로 중국에서 서양의 것을 번역하면서 만든 용어이다. 물론 그 중국어 발음이 '지오'와 유사하다는 것도 한몫을 했다. 기하가 땅의 넓이를 재는 데서 비롯된 학문임은 동서양의 용어에서 잘 드러난다. 기하에서 기본이 되는 도형은 '삼각형(三角形)'과 '사각형(四角形)'일 것이다. 앞에 붙은 것은 숫자이고 뒤의 '각(角)'은 '짐승의 뿔'을 뜻한다. 뿔은 대개 뾰족하게 자라니 이것이 '각도'를 뜻하는 용어가 된 것이다. '삼각'과 '사각'은 우리말로 하면 '세모'와 '네모'가 될 텐데, 수학에서는 이런 용어를 쓰지 않는다. '모'는 '귀퉁이'란 뜻의 우리말로 한자에서 '네모'나 '방향'을 의미하는 '방(方)'의 뜻도 이 '모'로 설명한다.

또 이렇게 귀퉁이가 각진 것 말고 '동그라미'도 수학에서는 굳이 한자로 '원(圓)'이라고 한다. '원(圓)'은 원래 둥근 솥의 모양을 본뜬 글자인데 밖의 사각형은 나중에 덧붙여진 것이다. 그러니까 '동그라미'는 수학 용어가 아닌 셈이다. '동그라미의 둘레'는 '원주(圓周)'라고 표현하는데, 수학을 공부하는 학생들이나 선생님도 저런 한자를 쓰는지 잘 모를 것 같다. 이런 것을 보면 수학 용어들도 한자어에서 벗어나 더 쉬운 용어로 바꾸는 노력이 어느 정도 필요할 것이다.

그런데 기하학에서 평면도형의 이름 가운데 이런 한자어가 아닌 이색적인 용어가 몇 있다. '마름모꼴'과 '부채꼴'이 그것이다. 이 두 용어도 한자로 표시할 방법이 전혀 없지는 않다. 마름모꼴은 '능형(菱形)'이라 하고, 부채꼴은 '선형(扇形)'이라고 바꿀 수도 있다. 하지만 어떤 이유에서인가 그렇게 바꾸지 않고 희귀하게 우리말 이름으로 남았다. 아마도 한자로 바꾸면 뜻 전달이 되지 않아 그러지 않았을까 싶다.

'부채꼴'의 '부채'는 여러 모양이 있으나 여기서는 접부채를 말하는 것이다. 접부채는 휴대하기 좋게 같은 길이의 살에 종이나 천을 붙이고 접어서 쓸 수 있게 만든 것이다. 부챗살이 원의 반지름 역할을 하니 원의 일부를 떼어다 놓은 것과 같이 생겼다. 접부채를 '합죽선'이라고 부르기도 하는데 합죽선은 접부채 가운데 대나무 껍질 두 겹을 붙여 살을 만드는 기법으로 만든 부채를 뜻하는 것이지 접는 부채를 통칭하는 것은 아니다.

기하학에서 '마름모꼴'은 네 변의 길이가 같고, 마주 보는 변이 평행이고, 마주하는 안쪽의 각도도 서로 같은 사각형을 뜻한다. 그러면 '마름모꼴'은 어디서 유래한 말일까? 물론 여기서 '모'는 '세모, 네모' 할 때의 '모'라는 것은 금세 알아차릴 수 있다. 그러면 '마름'만 알면 무슨 뜻인지 다 아는 것이다. 이 마름은 의외로 식물 이름이다. 흔한 식물이기에 못 본 사람은 아마 거의 없을 것이다. 다만 대부분은 그것이 마름인 줄 모르고 봤을 뿐이다. 마름은 여름의 연못이나 흐름이 세지 않은 수변에서 흔히 볼 수 있는 물에 떠 있는 물풀이다. 그 작은 물풀의 모양을 보면 금세 "아, 그래서 마름모꼴이구나!" 하는 말이 나올 것이다. 궁금하면 포털에서 마름이란 물풀의 모양을 검색하기 바란다.

이선란의 수학 용어

한·중·일이 공용하는 서구 전문용어의 번역어 가운데에는 일본이 번역한 용어가 중국 번역어보다 훨씬 많다. 하지만 서구인이 먼저 간 곳은 중국이기에 중국 번역어가 일본 번역어보다 앞선 부분도 상당하다. 다만 일본도 중국이 먼저 번역한 용어는 흔쾌히 받아들이고 중국도 일본이 만든 것을 스스럼없이 사용했다. 우리나라는 개화가 두 나라보다 늦었기에 대부분 두 나라에서 만든 것을 빌려서 썼다. 남이 먼저 번역한 용어를 쓰는 것은 부끄러운 일이 아니라 자연스러운 일이다.

　수학의 경우에는 중국에서 만든 용어가 일본을 월등하게 앞선다. 그것은 서구의 수학이 중국에서 먼저 번역되었던 배경도 있지만 중국 자체의 수학도 이미 상당한 수준이었기 때문이다. 중국에는 이미 기원전인 한(漢)나라 때《구장산술(九章算術)》이라는 수준 높은 수학책이 이미 있었다. 이를 바탕으로 이후에도 주석을 달고 응용법을 발달시키며 수리적 발전을 이루었다. 중국에서 수학이 발전한 것은 토지가 넓고 생산물이 많기에 이를 효과적으로 관리하려면 수학을 이용한 관리가 필수였기 때문이다.

그래서 명(明)나라 때 서양의 선교사들이 와서 서양의 수학을 소개했을 때 이를 수용할 기반이 있었다. 《기하학 원론》과 같은 서양의 고전을 번역할 때는 중국인들도 함께했다. 아마 중국인에게 폭넓은 수학적 지식이 없었다면 기하학에 흥미를 느끼지 않았을 수도 있다. 그러나 이미 당시 중국에도 수학자가 꽤 있었으며, 그들 또한 수학에 대한 순수한 열정과 흥미를 느끼고 수학에 대한 저술도 이루어지고 있었다.

그 가운데 19세기 초에 탁월했던 수학자로 이선란(李善蘭)이란 이가 있다. 이선란은 서양의 수학에도 관심을 가졌지만 중국 수학자들의 저서도 접할 수 있었기에 자신의 수학적 체계를 세울 수 있었다. 그는 대략 마흔 무렵에 번역에 뜻을 두었는데 전공인 수학뿐 아니라 중력·천문·식물과 같은 서양의 새로운 학문에도 관심을 가졌다. '식물(植物)'이란 번역어를 만든 이도 바로 이선란이다.

우선 그는 수의 성질이나 숫자와 문자의 관계와 법칙을 뜻하는 수학의 분야를 '대수(代數)'라고 번역했다. 대체로 수식을 기호로 표시하는 방정식을 보면 '수를 대신하다'라는 이 뜻이 명확하게 보일 것이다. '방정식(方程式)'은 《구장산술》에 이미 있는 용어였다. 또한 '변하지 않는 수'는 '상수(常數)', '변하는 수'는 '변수(變數)', '알지 못하는 수'는 '미지수(未知數)'로 번역했다. 이런 번역이 우습게 보일지 몰라도 그것을 서양 용어 그대로 부르지 않고 아는 말로 바꾸면 이 개념이 머릿속에 들어오기 시작한다. 이선란이 만든 이 용어들을 지금 우리는 여전히 쓰고 있다.

그런데 한자에서는 문제가 되지 않는 것들이 우리말에서는 불편한 것들이 있다. 이를테면 발음이 같아서 문제가 되는 경우이다. '일의 자리보다 작은 자리의 값을 가진 수'인 '소수(小數)'와 '자신을 제외한 수로는 나누어지지 않는 수'인 '소수(素數)'가 그렇다. 여기에 일상용어인 '적은 무리의 사람'을 뜻하는 '소수(少數)'도 있으나 이는 대수의 용어가 아니니 크게 상관없다. '소수(小數)'와 '소수(素數)'는 중국어에서는 발음이 다르니 헷갈리지 않으나 현재 우리말에서는 장단음과 음의 높낮이로 뜻을 구분하는 것이 사라졌기에 한글로 표기하면 두 '소수'의 의미를 구분할 방법이 없다. 그러니 이 둘 가운데 적어도 하나는 이름을 바꾸는 게 좋겠다.

　이선란이 서구의 수학을 번역하기 위해 만든 용어는 상당하다. 발음과 뜻을 함께 고려한 '함수(函數)', 숫자를 써넣은 방식에 착안한 '지수(指數)', '딸린 숫자'를 일컫는 '계수(係數)', 영역을 표시하는 '급수(級數)' 같은 용어를 보면 그가 새로운 용어를 만드는 데 뛰어났음을 알 수 있다. 그래프에서 사용하는 '좌표(座標)', '곡선(曲線)', '점근선(漸近線)'과 같은 용어도 그가 만들어낸 번역어이고, 방정식의 종류인 '단항식(單項式)'이나 '다항식(多項式)'도 그의 창작이다.

　무엇보다도 그의 번역어 가운데 백미는 '미분(微分)'과 '적분(積分)'이다. 수학적인 기본 개념을 한 단어로 명쾌하게 설명해주기 때문이다. 아마 이 용어를 영어로 표기했으면 수학을 처음 배우는 학생들은 어떤 개념인지 이해하는 데 시간이 꽤 걸렸을 것이다. 한자를 배우지 않는 요즘 학생들에게는 이 용어들 역시 이해하기 힘들겠지만 그의 번역어만큼 확실한 개념 이해를 돕는 용어는 없다.

　물론 이선란 이전에 있었던 중국 전통 수학자들과 그들의 저술 덕분에 이선란이 있었던 것은 확실하다. 그렇지만 서구의 새로운 수학 개념을 서슴없이 받아들이고, 그 개념에 맞는 수학 용어를 새로이 만드는 일은 아무나 할 수 있는 일이 아니다. 이렇게 만들어진 수학 번역 용어를 요즘에 맞게 개선하는 일이 어렵고 번거롭다고 방치하는 것은 이선란 정신에 크게 어긋나는 일이다.

우주와 지구, 태양의 탄생

말이란 우리의 생각을 반영하는 도구이다. 그래서 우리가 어떤 관념을 가지기 전에는 그에 해당하는 말도 없는 법이다. 그렇기에 서양의 과학을 받아들이고 세계관이 바뀌면서 예전의 말로는 표현할 수 없는 개념이나 관념들이 생겨나자 그에 따라 새로운 말을 만들어낼 필요가 생겨났다.

가령 옛날에도 땅, 바다, 하늘, 태양이 있었지만 그것들이 어떻게 존재하는지에 대한 생각은 지금과 달랐다. 중국인들은 땅(地)은 네모이고, 그 위를 둥근 하늘(天)이 덮고 있으며, 해(日)가 하루에 한 번씩 떴다 지기를 반복한다고 생각했다. 중국인들의 세계관에서는 하늘 너머에 아득한 우주(宇宙)도 없었고, 밤하늘에서는 빛을 내는 별들과 해가 규칙에 맞게 운행했다. 이들은 우리가 사는 곳이 둥근 지구(地球)라고 생각하지 않았고, 해를 태양(太陽)이라 부르지도 않았다.

그러다가 중국에 건너온 서양 선교사를 통해 지구가 둥글고, 하늘이 돌고 있는 것이 아니라 지구가 돈다는 천문학적 사실을 알게 된 것이다. 물론 중국에서도 일찍이 관찰을 통해 하늘이 움직인다는 사실을 알고 평평한 지구가 떠 있다고 인식했지만, 이는 역법이나 천문을 연구하는 사람들 사이의 인식이지 일반적인 인식까지 그렇게 변화한 것은 아니었다.

새롭게 변한 인식에는 그것을 설명할 새로운 용어가 필요했다. 가령 매일 뜨고 지는 '해(日)'는 '하루'라는 뜻이 강해지고, 지구의 하늘에서 움직이는 것이 아니라 여러 행성을 지닌 중심축으로의 역할에 걸맞은 새로운 이름이 필요했다. 그래서 '햇볕'을 뜻하는 '양(陽)'에다 '대(大)'보다 더 큰 '태(太)'를 붙여 '태양'이란 새로운 어휘를 만들었다.

우리가 사는 이 행성이 둥글다는 것을 드러내기 위해 '땅 지(地)'에 '공 구(球)'를 덧붙여 '지구(地球)'라는 말도 만들었다. 물론 지구에는 바다가 더 많으니 '수구(水球)'가 더 올바른 표현일 수 있지만 땅에 살고 있는 인간의 관점에서는 지구라 할 수밖에 없었을 것이다. 물론 '지구'라는 단어가 만들어지기 전에도 우리가 사는 세상을 일컫던 '곤여(坤輿)'라는 말이 있었다. 이는 땅이 네모나다는 관점에서 나온 말이니 새로운 관념에 어울리지 않았다. 인류가 배를 타고 큰 바다를 여행할 수 있게 된 시대에는 '땅 지(地)'란 표현도 바뀌어야 했다. 그래서 그 앞에 언덕(阝)과 산(山)과 흙(土)으로 이루어진 '뭍 육(陸)'을 더해 그 의미를 더욱 확실하게 대립시켰다.

이 가운데에서 가장 새로운 의미로 변신한 것은 '우주(宇宙)'라는 어휘일 것이다. 본래 '우(宇)'는 '집'을, '주(宙)'는 '지붕 아래에 있는 어떤 악기'를 뜻한다. 이 글자가 철학적인 뜻을 지니게 된 것은 중국 한(漢)나라 때 일로 '주(宙)'는 천지 사방의 공간적 개념으로, '우(宇)'는 과거와 현재와 미래를 포괄하는 시간적 개념을 지니게 되었다. 그보다 뒤에 지어진 《천자문》에서 '넓고 거칠다(洪荒)'라고 한 것은 실제 지구 밖의 우주라는 개념이 아닌 이 세상의 시공간 개념에 대한 설명이다.

그런데 이제 지구 밖에 거대한 시공간이 펼쳐지고 있으며, 지구는 그 가운데 태양의 주변을 도는 행성일 뿐이라는 과학적 사실을 받아들였으니, 이 광대한 세계에 대해 '하늘(天)' 이외의 새로운 이름이 필요해졌다. 이에 따라 지구 밖의 거대한 시공간을 표현할 어휘를 옛날 글에서 가져왔다. 이는 서양의 '유니버스(Universe)'라는 단어와 견주었을 때 시공간을 함께 지칭한다는 점에서 기가 막힌 번역어였다.

　중국은 명나라 때부터 서양 선교사들이 들어와 있었고, 실제로 이들이 근대에 서양의 과학과 천문학 저술을 중국에서 번역하고 있었으며, 그런 가운데 새로운 번역어들이 탄생했다. 이런 전통을 이어받아 여기에서 예로 든 '지구', '육지', '태양', '우주'와 같은 어휘들은 1855년 중국에 와 있던 선교사 벤저민 홉슨이 지은 《박물신편(博物新編)》이란 책에 나온다. 이 책은 1870년 일본어로 번역되어 출간된다. 그리고 1895년에 유길준이 지은 《서유견문(西遊見聞)》에 비로소 '지구'와 '태양'이라는 표현이 등장한다. 유길준은 《박물신편》을 읽었거나 아니면 다른 책에서 읽고 그 용어를 받아들인 셈이다.

국어와 과학

학교에서 우리는 여러 과목을 배운다. 몇십 년 전에는 '국민' 학교에 들어가 배우는 과목 중에서 '국·산·사·자'가 주요 과목이었다. 이 중 '국어'와 '사회'는 지금도 과목명이 그대로이고, '산수'는 '수학'으로, '자연'은 '과학'으로 바뀌었다. 그렇다면 '국어', '수학', '사회', '과학'은 예전부터 있던 이름인가 아니면 서양식 교과목의 번역어인가? 여기서는 '국어'와 '과학'만을 살펴보기로 하자.

우선 '국어(國語)'는 번역어나 유입된 단어 같지는 않다. 세종이 창제한 한글은 글자이니 말은 아니다. 《훈민정음》 해례본에서 '나랏 말쌈'이라 한 것은 국어 시간에 배워 다 기억이 날 것이다. 그런데 해례본은 원래 한문으로 쓰인 것을 다시 우리말로 옮긴 것이다. '나랏 말쌈'의 한문 표현은 '국지어음(國之語音)'이다. 이 말 안에 '국'과 '어' 두 글자가 모두 있지만 표현법은 지금과 다르다.

물론 중국에도 '국어'라는 표현이 있었는데, 좌구명이 쓴 춘추 시대 역사책인 《국어(國語)》가 그것이다. 춘추 시대 여덟 나라의 이야기를 '국어'라 한 것이다. 그러니 여기서 '어(語)'는 '서(書)'와 같은 뜻이다. 중국도 근대에 이르기까지 자신의 언어를 '국어'라고 표현하지는 않았다. 대략 1919년 5·4운동 전후로 '국어'란 표현을 쓰기 시작했다. 그 이전에는 '중국어'라는 표현도 없었다. '중국어'라는 표현은 1911년 신해혁명 이후 청나라가 무너지고 중화민국이 되고 나서야 시작된다.

우리나라에서 '국어'란 표현은 1895년 〈관보〉에 처음 등장한다. 이때는 대한제국이 세워지기 전이라 '국어'는 '조선어'를 일컬었다. 당시 중국은 '국어'란 말을 쓰기도 전이니 이때의 '국어'는 대체로 일본을 통해 들어온 조어였을 터이다. 그래도 이 풍전등화와 같은 시절에 선조들은 '국어'란 표현을 통해 자신의 나라와 말을 귀중하게 생각했다.

일제강점기가 되었다고 해서 조선어가 바로 사라진 것은 아니다. 그러나 한일병합으로 국어는 일본어가 되고, 조선어는 제2의 언어로 전락했다. 조선어는 1937년 일제가 시행한 조선어 말살 정책에 희생되었다가 해방 후 다시 국어의 위치를 되찾았다.

잠깐 다른 이야기를 하자면, 요즘 정치인이 입에 달고 사는 '국민(國民)'이란 말은 일본에서 만든 말이다. 메이지 유신으로 다이묘(大名)의 신하이던 '번민(藩民)'은 일본 황국의 백성이 되었고 이를 줄여서 '국민'이라 불렀다. '국민학교'는 그 '국민'이 기본적으로 갖추어야 할 소양을 가르치는 교육 기관이었다. '국민'이란 말에 이런 연원이 있다 보니 '국민학교'를 '초등학교'로 바꾸었다.

하지만 '국민'이란 단어는 여전히 쓰인다. 이렇게 사라져야 할 말이 사라지지 못한 것은 '인민(人民)'이 중국과 북한의 공산주의 체제에서 사용하는 말이기에 살아남은 것이다. 마치 남한에서 '동무'가 이념적 용어로 여겨져 사라지고 '친구'만 남은 것처럼 이념 때문에 그 의미가 더 못한 어휘만 쓰는 셈이다.

그렇다면 '과학(科學)'은 어떤가? 고대에도 해와 달과 별을 관측하고 역법을 만들었으니 과학이 없지는 않았겠지만 '과학'이란 용어는 없었다. 대체로 정치적으로 유가 중심의 인문 문화가 지배한 동아시아에서 서양 과학이 가장 빨리 전파된 곳은 중국이었다. 명나라 때 들어온 마테오 리치는 서양의 과학을 번역해 소개하면서 '격물치지(格物致知)'의 학문이라 했다. 격물치지는 유학 가운데 성리학의 개념으로 '사물의 이치를 깨달아 앎에 이르다'라는 의미인데 과학이 그러한 학문이라 설명한 것이다. '사물의 이치를 깊이 생각하다'라는 뜻의 '궁리(窮理)'도 이와 비슷하다. 그래서 중국에서는 '사이언스(Science)'를 '격치(格致)'라고 번역했다. 하지만 성리학에서 이 용어는 심성이 반영된 주관적인 이치의 탐구이지 객관적인 것은 아니다.

한편 '자연(自然)'이라 함은 중국의 도가에서 '세상 만물의 본성'을 이르는 말이었다. 일본의 개화기에 이 말을 빌려 '네이처(Nature)'란 말의 번역어로 삼았다. '과학'이란 용어는 일본이 번역한 용어이다. 왜 일본은 '사이언스'를 '과학'이라 했을까? 과목을 뜻하는 '과(科)'는 '과거(科擧)'에도 쓰인다. 과거제도는 문과, 무과, 잡과와 같은 구분이 있었고, 문과도 생원과와 진사과로 구분했다. 과목을 달리해서 인재를 뽑기 때문에 '과거'이다. '과(科)'는 '곡식'을 뜻하는 '화(禾)'와 '됫박'을 뜻하는 '두(斗)'가 합쳐진 글자로 곡식을 종류별로 나누고 그 양을 재는 행위를 가리킨다. 즉, '분류하는 학문'이란 의미로 '사이언스'를 '과학'으로 번역했다.

요즘 시각으로 보면 '사이언스'를 '과학'이라 번역한 것이 이상할지 몰라도, 이 말이 들어온 19세기에 과학은 우리가 접하는 사물들을 세밀하게 나누고 그 이치를 탐구하는 학문이었다. 가령 생물학은 동물과 식물로 분야를 나누고 비슷한 것을 계통으로 묶고 차이점을 밝혀내는 분류의 학문이었다. 물리학도 힘과 운동, 기하와 함수와 같은 현상을 구분해서 원리를 밝혀내는 학문이었고, 화학 역시 원자와 분자 등 물질의 근본적인 성질을 구분하고, 결합해서 이루어지는 물질과 그 성질에 대한 학문이었다. 결국 일본이 서양의 문명을 수용하던 시점에서 '사이언스'는 구분과 원리를 추구하는 학문이었기에 당시로서는 '과학'은 참신한 번역이었다.

'과학'이라는 용어는 '격치'란 경전 용어로 '사이언스'를 일컬었던 중국에도 영향을 미쳤다. 아무리 비슷한 용어로 서양의 학문을 표현한다 해도 둘 사이에는 엄연히 다른 점이 있었고, 또한 옛 용어가 낡은 느낌을 주는 것은 어쩔 수 없었다. 그래서 중국도 일본이 만든 '과학'이란 용어를 흡수했고 '격치'란 용어는 얼마 지나지 않아 사라졌다. 우리나라에서 '과학'이란 용어가 미디어에 처음 등장한 것은 1902년이다. 생물학은 1895년, 물리학은 1884년에 처음 등장했다.

옛말에서 환골탈태한 '국어'는 살아남았고, 고전의 뜻에서 가져와 '격치'라고 표현했던 명칭은 새로운 번역어인 '과학'에게 패퇴했다.

'역사, 철학, 음악, 미술' 두 글자 본능

'국어'와 '수학', '과학'까지 학과 또는 학문 분야를 뜻하는 어휘 대다수는 일본에서 만든 한자어이다. 그렇다면 전통적으로 동아시아에 존재했던 '역사'나 '철학', '문학'도 새로이 나온 용어라 할 수 있는가? 유교 권역의 나라에서는 예로부터 '문사철(文史哲)'이 지식인들이 추구하는 학문이었다. 여기서 '문'은 시문(詩文)이나 산문 같은 문학을 말한다. '사'는 '서(書)'라고 표현되기도 하는 역사이고, '철'은 주역과 경서들이 이야기하는 인간과 세상의 이치이다. 이렇듯 지금의 분야와 대체로 일치하고 있지만 표현은 딱 한 글자로 하고 있다.

우선 '역사(歷史)'부터 보자. 동아시아에서는 예로부터 현재를 기록으로 후세에 남기는 것을 당연하게 여겼다. 통치자를 중심으로 벌어지는 모든 일을 기록하고 나중에 이 기록을 바탕으로 다음 왕조에서 사서(史書)를 편찬했다. '서(書)'가 '역사'라는 뜻으로 쓰인 것은 《상서(尙書)》('유교의 경전'이란 뜻으로 높여서 '서경'이라 부르기도 한다)가 최초의 역사책으로 인정받기 때문이다. '사(史)'는 《사기(史記)》와 그 이후 왕조의 역사인 《이십사사(二十四史)》를 가리켰는데 이후 역사를 지칭하는 말로 자리를 잡았다. '역(歷)'은 지내온 여정을 뜻하는데 과거에는 '사'와 결합한 형태가 거의 없다. 그렇기에 '사' 또는 '서' 한 글자로 역사를 지칭한 셈이다.

이 '사'를 '역사'로 바꾼 것은 개화기 일본에서 서구의 말을 번역하면서 글자를 덧댄 것이다. 서양의 역사 전통은 동양과 달랐다. 그래서 '사'에 '과거의 지내온 여정'이란 뜻의 '역'을 덧붙여 '역사'라는 두 글자 용어를 만듦으로써 동서양을 구분하고자 했던 뜻이 있었을 것이다. 또 아무래도 두 글자 단어가 자연스럽기 때문인 것도 있을 터이다. 중국도 결국 일본의 번역어를 받아들여 '역사'란 단어를 사용하고 있다. 우리나라도 《고려사》처럼 '사' 한 글자를 쓰거나 《삼국사기》처럼 사마천의 《사기》를 이끌어 썼지만, 1895년에 '역사'란 표현이 〈관보〉에 실렸으니 이를 통해 '역사'가 근대 개화기에 들어온 용어로 쉽게 자리를 잡았음을 알 수 있다. 아마도 식자층의 언어가 한문에서 국한문 혼용체로 바뀌면서 조사와 확연하게 구분되는 두 글자 단어가 사용이 편리했기 때문일 터이다.

'철학'이라 할 때의 '철(哲)'은 '밝을'이란 훈이 붙어 있다. '밝을 명(明)'과의 차이라면 '마음이 밝다'라는 뜻이 담겼다는 점이다. '철(哲)'의 아랫부분 '구(口)'는 원래 '심(心)'이었고, 당시는 생각하고 느끼는 마음이 심장에 있다고 생각했다. '철(哲)'의 윗부분 '절(折)'은 음만 이용했다 하기도 하지만 '쪼개다'라는 뜻으로 해석해서 '구분 짓는 것'이라 해석해도 좋다. 밝은 마음은 곧 지혜이고 그것은 분석을 통해 이루어지기 때문이다. 원래 '철'은 '생각이 깊고 지혜로운 사람'을 뜻하는 글자였다. 그래서 '공문십철(孔門十哲)'이란 '공자 문하의 뛰어난 제자 열 명'을 가리키는 말이다.

원래 '철학'이란 말은 없었다. 다만 일본에서 서양의 학문을 받아들이며 영어 '필로소피(Philosophy)'에 해당하는 말을 이렇게 조립한 것이다. 이 용어도 두 글자를 맞추기 위해 뒤에 '배울 학(學)'을 붙여 '지혜로운 사람'을 뜻하던 '철'의 용도를 달리해 '지혜로움을 추구하는 학문'으로 만들었다. 일단 말을 이렇게 만들고 나자 중국에서도 가져다 쓰기 시작했고 개화기를 맞은 조선에서도 통용됐다. '철학'은 먼저 서양에서 들어온 철학을 가리키는 말로 쓰기 시작했지만 '동양

철학'이라는 말도 쓰기 시작했고, 정치학의 중심 개념을 '정치 철학'이라 일컫는다. 이런 쓰임이 다른 영역으로도 퍼져 '역사 철학', '예술 철학' 등으로도 쓰일 수 있었다.

'문학' 역시 예전에는 '시(詩)', '사(詞)', '부(賦)', '전(傳)'과 같은 장르의 이름만 쓰던 것을 서구어를 번역하면서 사용하기 시작한 용어인데, 두 글자 명칭을 선호하여 '글월 문(文)'에 '배울 학(學)'을 붙여 만든 것이다. 우리가 '문학'이란 단어를 어떻게 받아들였는지는 명확하지 않지만 개화기에 일본을 통해 받아들였다고 짐작하고 있다.

인문학의 명칭만이 아니라 다른 것들도 마찬가지이다. 당장 '예술'이란 것도 '아츠(Arts)'의 번역어이다. 이 또한 서양의 발명품은 아니지만 두 음절의 규칙을 충족시키고, 서양에서 온 그것과 동양의 그것과는 분야가 서로 달랐으므로 이를 구분하여 규정지으려면 새로운 용어가 필요했다. 가령 '악(樂)'이란 동양에서 소리와 악기의 연주, 춤까지 아우르는 개념이다. 그러나 서양에서는 이것들이 어우러지기도 하지만 각각이 구분되어 있었다. 그래서 '소리 음(音)'을 덧붙여 '음악'이란 두 글자 용어를 만들었다. 춤 또한 '무용(舞踊)', '무도(舞蹈)'로 두 글자에 맞추었다.

그림과 조각이나 조소, 도자기나 목기 같은 공예 등 여러 시각적 아름다움을 표현하는 법이 있는데 동양에서는 이것들이 한 분야라는 인식이 거의 없었다. 가령 그림 하나만 봐도 붓으로 멋진 글씨를 쓰는 문인이 그린 문인화와 화공이 그린 그림은 다르다고 구분할 정도였다. 조각은 또 다른 분야였고, 도자기는 도공이, 목기는 장인이 만드는 완전히 다른 분야였다. 이런 복합적인 개념인 '아트(Art)'를 번역하기 위해 일본인들은 '미술(美術)'이란 두 글자 단어로 표현했다. 우리나라에서는 '미술'이란 용어가 1884년 〈한성순보〉에 처음 나온다.

물리학과 화학, 의학의 용어

새로운 학문 이름을 정했다고 곧바로 어떤 학문인지를 이해할 수는 없다. 그 학문의 내용을 구성하는 것이 무엇인지를 알아야 비로소 이해할 수 있다. 수학의 경우에는 중국에도 오래전부터 '산학(算學)'이 존재했고, 공통된 내용이 많았기에 비교적 쉽게 들여올 수 있었다. 앞에서도 말했지만 '방정식' 같은 용어는 〈구장산술〉이란 책에 나오는 용어이다. 하지만 물리나 화학은 그 내용이 전혀 새로운 것이어서 동양에 비슷한 유형의 학문이 없었다. 결국 내용을 이해하기 위해서 새로운 번역이 필요했고, 그런 용어를 통해 개념과 법칙을 이해하고 나서야 이 학문을 받아들일 수 있었다.

중국에서 '사이언스'를 성리학의 용어인 '격치'로 번역했어도 그 내용이 들어오지 않은 것은 서양의 '사이언스'가 중국의 고전이 이야기하는 것과 전혀 다른 내용이었기 때문이다. 태양과 지구와 행성들을 이야기하기 위해서는 '인력(引

力)', '중력(重力)', '공전(公轉)', '자전(自轉)'과 같은 용어들로 그 개념들을 번역하고 나서야 이해될 수 있었다. '물체(物體)', '물질(物質)', '질량(質量)', '고체(固體)', '액체(液體)', '기체(氣體)', '비중(比重)' 같은 용어가 있어야 보이는 세상을 물리적으로 설명할 수 있었다. 그 밖에 '원소(元素)', '원자(原子)', '전자(電子)'와 같은 용어가 있어야 보이지 않는 물질의 기초를 이야기할 수 있었다. 이런 물리학의 기초적인 용어는 거의 일본인들이 번역했다. 그것은 물리학을 받아들이는 데 중국보다 일본이 빨랐음을 뜻한다. 서양의 학문을 받아들이는 일에 대체로 중국이 일본보다 앞섰지만 서양 문물 수용에 뒤늦었던 일본은 중국보다 훨씬 적극적으로 받아들였다. 중국이 '격치'라는 자신들의 전통에 기대어 만든 용어를 포기하고 일본이 만든 용어를 수용한 것은 일본의 번역 용어가 더 합리적이었기 때문이다.

'물리'뿐만 아니라 '화학(化學)'의 번역을 지배한 것도 일본이었다. 지금은 한글로 써서 잘 와닿지 않지만 화학 원소들의 한자 번역어를 보면 그 세심한 연관성에 놀라게 된다. '수소(水素)'는 물을 구성하는 세 원자 가운데 둘을 차지하는 원소의 이름이다. 수소를 물과의 연관성을 빼고 설명하기란 어렵다. '산소(酸素)'는 녹과 산화의 주인공이니 이런 이름으로 불리지 않는 게 더 이상하다. '염소(鹽素)'는 소금이 이것과 나트륨의 결합체임을 나타내는 이름이다. '탄소(炭素)'는 숯이 이것으로 구성된 물질이라는 점에서 적합하다.

'탄소'와 관련해서는 '유기물(有機物)'과 '무기물(無機物)'이란 용어가 있다. 탄소가 중요한 것은 모든 생명체가 식물이 햇빛과 물, 그리고 이산화탄소를 이용해 광합성으로 만든 탄소화합물을 가지고 살아가기 때문이다. 그래서 생명체가 만든 물질은 탄소가 포함된 유기물이고, 그렇지 않은 것은 무기물이다. 여기서 '기(機)'는 본디 '베틀'을 뜻하는 글자이지만 여기서는 '생물'을 의미하는 셈이다. 결국 생명의 작용을 통한 탄소의 유무가 이 둘의 구분점이다.

물질의 근원인 '원자(原子)'는 물리학에서도 사용하는 단어이지만 화학에서 다루는 최소 단위인 '분자(分子)'가 원자들의 결합이란 점에서 본다면 화학의 용어이기도 하다. '나눌 분(分)'을 쓰는 '분자'는 더 나누면 물질의 고유한 성질을 잃는다. 분자에서 원자로 전환되면 분자의 성질은 사라진다. 일본은 화학의 용어를 한자로 번역하면서 그 뜻을 살릴 수 있는 용어를 만들어내기 위해 노력했다. 이제 우리는 한자를 거의 쓰지 않아 용어의 속뜻을 알 길이 없어 조금 아쉽다.

그렇지만 일본이 과학의 모든 면에서 번역을 주도한 것은 아니다. 실제로 서양 선교사들은 중국에 일찍 들어갔으며, 그들을 통해 이미 번역된 용어를 일본이 가져다 쓴 경우도 많다. 특히 몸과 관련한 용어 중 '키'를 뜻하는 '신장(身長)'과 '몸무게'를 뜻하는 '체중(體重)'과 같은 용어는 중국이 먼저 쓴 것을 일본이 받아서 썼다. 또한 영어의 '프로틴(Protein)'을 알기 쉽게 계란의 흰자를 뜻하는 '단백질(蛋白質)'이라 번역한 것도 중국이다. 해부학에서 '목뼈'를 뜻하는 '경골(頸骨)', '코뼈'를 지칭하는 '서골(鋤骨)', '골반을 에워싼 뼈'인 '치골(恥骨)'과 같은 뼈 이름은 중국에서 번역한 용어이다.

과학에서도 '전기(電氣)', '기압(氣壓)', '증기(蒸氣)', '현미경(顯微鏡)'도 중국이 먼저 번역한 용어를 일본이 가져다 썼으며, '반사(反射)', '음극(陰極)', '양극(陽極)'과 같은 번역어도 중국의 발명품이다. 어쨌거나 동양에서는 한자로 된 과학 용어를 만들고 나서야 서양 과학을 제대로 수용할 수 있었다. 우리는 서양 과학을 먼저 접한 중국과 일본이 만든 번역 용어를 뒤늦게 받아들여 상용했다. 서양 과학 용어의 번역 측면에서 우리는 무임승차를 한 셈이다.

네덜란드표 번역어

일본은 우리보다 개화기가 훨씬 이르다. 일본을 지배하던 도쿠가와 막부(幕府)는 서양 종교인 천주교를 받아들이기를 꺼렸기에 쇄국 정책을 폈다. 하지만 선교에 큰 관심이 없는 실리적인 네덜란드의 집요한 통상 요구는 거절하지 않았다. 그래서 선교 금지와 온갖 속박으로 꼼짝달싹할 수 없게 옥죄기는 했어도 변방 나가사키 항구의 '데지마'라는 작은 지역에 네덜란드 사람들이 거주하도록 하고, 1641년부터 1859년까지 제한적인 통상을 허가했다. 이들을 통해 일본에 서구의 과학과 기술이 들어왔으며 이는 '난학(蘭學)'이란 이름으로 일본 개화에 큰 영향을 미쳤다. '란(蘭)'이 '네덜란드'를 뜻하는 것은 네덜란드 서부 지역인 '홀란트(Holland)'를 중국에서 '화란(和蘭)'으로 음역했기 때문이다. 이때 네덜란드에서 배를 타고 외국으로 가 무역을 하던 사람들은 대개 이 지역 사람들이었다.

일본에서 받아들인 외국어에는 포르투갈어, 영어, 프랑스어 등 유럽 여러 나라의 용어들이 있지만 네덜란드와 일찍부터 교류했기에 그로부터 가장 영향을 많이 받은 것은 당연하다. 우리가 일본어의 잔재라 생각지도 못하는 단어인 '가방'은 네덜란드어 '카바(Kaba)'에서 유래한 것이라는 추측이 가장 유력하다. 그 밖에 '가스', '고무', '람프', '렌즈', '호스' 같은 명사들도 영어가 아닌 네덜란드어에 기반을 두고 음역한 것이다. '람프'가 우리에게 와서 '남포'로 변하는 것 또한 그 연장선 위에 있다.

우리는 영어식으로 '커피'라 하지만 일본이 '고히(コーヒー)'라 하는 것은 네덜란드어 '코피(Koffie)'의 음을 딴 외래어이기 때문이다. 마찬가지로 '컵'을 '고뿌(コップ)'라 하는 것도 네덜란드어의 '콥(Kop)' 때문이다. 우리나라에서도 나이든 사람들은 여전히 '컵'을 '고뿌'라 부르기도 한다. 맥주를 '비루(ビール)'라 한 것도 네덜란드어를 기반으로 한 것이다. 화학의 원소명 가운데 칼륨(포타슘)을 곧잘 '카리'라 하고 질산칼륨을 '질산카리'라고 부르기도 하는데, 이 또한 네덜란드어의 '카리(Ka'li)'를 일본이 '가리(カリ)'라 부른 데서 시작했다.

　개화기 번역어에서 네덜란드어가 특별히 더 중요한 것은 네덜란드어 뜻을 한자로 옮긴 어휘가 상당히 많기 때문이다. 특히 의학과 화학, 항해와 관련된 용어들은 네덜란드어가 단연 우세하다. 우선 의학과 몸에 관한 용어부터 보자. 눈에서 빛이 수정체를 통해 들어와 맺히는 곳을 '망막(網膜)'이라고 한다. 그런데 이 말은 네덜란드어의 '넷블리스(Net'vlies)'란 단어를 '그물'을 뜻하는 '넷(Net)'과 '껍질'을 뜻하는 '블리스(Vlies)'로 의미 성분으로 나누고 이를 다시 한자로 번역해 합친 것이다. 네덜란드어는 합성어가 많다는 특성도 작용했겠지만, 번역하는 입장에서도 뜻만 당시에 익숙한 한자로 옮겨 번역하면 다른 말보다 이해하기 쉽기에 훌륭한 번역어가 되었다.

　'각막(角膜)', '홍채(虹彩)', '황반(黃斑)' 같은 눈과 관련된 명칭, 귀의 '고막(鼓膜)', 순환기의 '동맥(動脈)', '경동맥(頸動脈)', '정맥(靜脈)' 같은 용어와 '신경(神經)'과 '신경통', '신경쇠약' 같은 용어들이 모두 네덜란드어의 뜻을 한자로 바꾸어 만든 것이다. '맹장(盲腸)' 또한 이런 식으로 번역된 용어인데, 장기의 끝이 막혀 있다는 데서 착안해 네덜란드어에서 '눈이 멀었음'을 뜻하는 단어 '블린트(Blind)'와 '창자'를 뜻하는 '담(Darm)'을 합성한 말을 한자로 번역했다.

화학의 원소명인 '탄소(炭素)', '수소(水素)', '산소(酸素)'처럼 물질이 지닌 기본 성질을 이용한 번역어도 네덜란드식 조어를 번역한 것이다. '금속(金屬)'과 '비금속(非金屬)' 또한 네덜란드어의 번역어이다. 다만 금속이 '아닌 것'을 뜻하는 의미 성분이 네덜란드어에서는 뒤에 붙는다. 번역자는 능숙하게 한자의 용법을 적용해 '금속' 앞에다 '아닐 비(非)'를 붙였다. 화학의 여러 용어는 네덜란드 번역어를 통해 새로운 조어법을 갖게 된 셈이다.

또한 당시 네덜란드는 해양 강국이었기 때문에 항해나 선박 용어에도 영향을 끼쳤다. 네덜란드어의 '야트(Yacht)'는 다른 유럽계 언어에서도 모어가 된 단어이다. 다만 일본이 이를 '요토(ヨット)'로 번역하는 바람에 우리말에서 '요트'가 되었다. 이것 말고도 '선원'을 뜻하는 '마도로스'는 네덜란드어 '마트루스(Matroos)'에서 온 것이다. 돛대를 뜻하는 '마스트'도 '마스트(Mast)'에서 유래했다. 배를 건조하거나 수리하는 설비를 가리키는 네덜란드어 '도크(Dok)'를 '선거(船渠)'라 번역한 것도 이때의 일이다.

오늘날 네덜란드어를 한자로 번역한 용어를 쓰면서 17세

기에 세계를 휘젓고 다니던 화란인들을 떠올리기는 쉽지 않
다. 그래도 그들의 자취는 언어의 화석 속에 숨어 있다. 일본
은 화란인들이 살았던 나가사키의 데지마를 다시 복원했는
데, 그곳은 우리나라로 표류했던 네덜란드인 하멜도 꽤 오랫
동안 머물던 곳이다.

스포츠 용어

근대에 들어 서세동점(西勢東漸)으로 우리 것들은 사라지고 거의 모든 것이 서양의 것으로 채워졌다. 운동이나 여가처럼 즐기고 노는 것 또한 예외는 아니었다. 이제는 씨름 같은 것을 빼면 우리식 운동 경기가 거의 남아 있지 않다. 올림픽 종목으로도 채택된 태권도의 경우 수벽(수박)이나 택견 같은 전통 무술을 기반으로 했는지는 몰라도 그 성립 자체가 그리 오래되지 않았다. 태권도가 전통을 바탕으로 현대의 무술로 체계화한 것은 좋지만 그 이름에는 문제가 있다.

발과 손을 방어와 공격의 도구로 쓴다고 해서 또는 '택견'과 비슷한 음이라 하여 한자로 '태권(跆拳)'이라 지은 것은 이해할 수 있다. 문제는 그다음의 '도(道)'이다. '도'는 '검도(劍道)', '공수도(空手道)', '유도(柔道)', '합기도(合氣道)'처럼 일본에서 자신들이 만든 무술 이름을 짓는 독특한 방식이다. 이는 근본적으로는 '무사도(武士道)'에서 기원한 것일 터이다. 하지만 이런 작명은 일본 방식이지 우리나라나 중국은 그렇지 않았다. 우리가 우리의 무예 이름을 짓는 데 일본식 작명법을 쓸 필요는 없다. 그저 '태권'이면 좋았을 텐데 말이다. 아마도 '도'를 붙이는 것이 일본식 작명법인 줄 몰랐을 것이다.

우리가 쓰는 서양에서 들어온 구기 종목 이름은 거의 전부 일본이 번역했다. 지금 시점에서 보자면 같은 한자 문화권인 한·중·일 가운데에 중국과 일본은 구기 종목 이름이 거의 전부 다르다. 우리는 대체로 일본 번역어를 받아서 썼지만 지금은 영어식으로 바뀐 것들도 꽤 있다. '핸드볼', '테니스', '아이스하키'와 같은 것들이 그렇다. 한·중·일이 같은 한자 번역어를 쓰는 종목이 딱 하나 있는데 '배구(排球)'가 그것이다. '배(排)'는 '밀치다'라는 뜻이다. 이 종목은 결국 상대방 영역으로 공을 밀어 넣어 못 받게 하는 것이니 적절한 번역이라 하지 않을 수 없다. 그 외의 종목들은 이름이 다르다.

먼저 '축구'를 살펴보자. 일본은 '공 찰 축(蹴)'을 쓰지만 중국은 그저 '발로 하는 운동'이라고 해서 '발 족(足)'을 써서 '족구'라 한다. '농구'의 가장 큰 특징은 득점의 기준이 되는 그물망이다. 이것이 바구니처럼 생겼기에 이를 일본은 '롱

(籠)'이라 번역하고, 중국은 '람(籃)'으로 번역했다. 이 두 글자는 어감 차이가 있는데 '새장'을 가리키는 '조롱(鳥籠)'과 아기를 누여 흔들거리게 하는 '요람(搖籃)'의 차이를 보면 무슨 차이인 줄 알 수 있다. '야구(野球)'는 '들의 넓은 곳에서 하는 운동'이란 뜻이다. 그런데 중국은 보는 관점이 달라 '몽둥이로 공을 때려내는 운동'이라는 뜻으로 '봉구(棒球)'란 이름을 쓴다. 야구는 비교적 복잡한 운동이라 여러 특성이 있고 보는 관점에 따라 그 이름을 달리 부를 수 있다.

또한 한자 번역어를 쓰지 않고 영어 발음을 그대로 쓰고 있는 '테니스' 같은 종목도 있다. 원래는 '잔디 위에서 하는 경기'라는 뜻으로 '정구(庭球)'라는 이름이 있었다. 우리도 예전에는 '정구'라는 말을 썼고, 공의 종류에 따라 '연식(軟式)'과 '경식(硬式)'을 구분했다. 물론 야구도 연식 야구가 있었는데 이것이 지금 '소프트볼'이다. 헌데 이제는 우리나 일본이나 '정구'보다 '테니스'를 훨씬 많이 쓴다. '핸드볼'도 역시 '송구(送球)'라는 번역어가 있었지만 지금은 거의 쓰지 않는다. 중국은 테니스를 '망구(網球)', 핸드볼은 '수구(手球)'라고 해서 자체 번역어를 쓴다. '탁자가 운동장'이라는 뜻인 '탁구(卓球)'도 일본이 번역한 것인데, 중국은 공이 오가는 소리인

'핑퐁(乒乓)'을 이 종목의 이름으로 쓴다. 소리뿐 아니라 시각적인 효과도 느낄 수 있는 단어이다.

이것뿐 아니라 '수영(水泳)'이란 말과 '배영(背泳)', '접영(蝶泳)', '평영(平泳)'과 같은 스타일, '체조(體操)'라는 이름과 '철봉(鐵棒)', '평행봉(平行棒)', '양궁(洋弓)', '사격(射擊)', '조정(漕艇)'과 같은 종목의 이름은 전부 일본이 번역한 용어이다. 스포츠와 관련된 어휘를 한자로만 번역한 것은 아니다. 야구 용어인 '데드볼', '홈인', '터치아웃', '쓰리번트'와 같은 말은 일본식으로 조합한 영어이다. 이것은 영어라기보다는 일본어라고 봐야 하는 용어인데 요즘은 이를 정확한 미국식 용어로 쓰자고 한다. 그러나 그것보다 더 좋은 것은 우리식 번역어를 새로이 만드는 일이다. 영어를 그대로 쓰는 것보다 더 재밌고 인식도 빠를 것이다. 이렇듯 우리가 알게 모르게 모든 운동 종목과 그 용어에는 일본의 번역어가 깊숙하게 들어왔다. 그것을 보면 도저히 이런 용어를 모르고 운동하기란 힘들다는 생각이 든다.

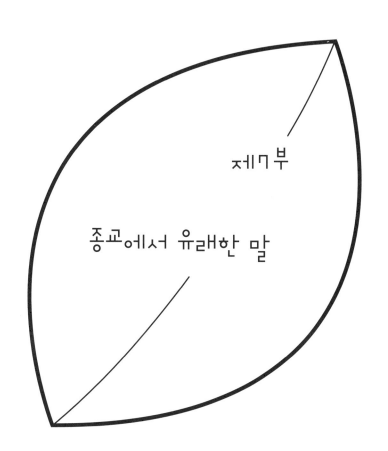

제7부

종교에서 유래한 말

다반사와 이판사판

불교는 삼국 시대에 우리나라로 들어와 지금까지도 성행하는 종교이다. 비록 조선 시대에 유교가 불교를 억압하여 그 기세가 꺾였다 하더라도 우리나라는 오랫동안 불교의 영향 아래에 있었고, 그 결과 지금도 곳곳에 불교의 영향력이 드리워져 있다. 우리가 쓰는 말도 그 영향에서 벗어날 수는 없어 일상용어에도 여러 흔적이 남아 있다. 가령 우리가 불교에서 유래한 말이라고 느끼지 못하고 쓰고 있지만 '찰나'나 '나락으로 떨어지다'라는 표현은 불교에서 온 것이다.

그런 표현 가운데에 '다반사(茶飯事)'라는 표현도 있다. 일상의 예사로운 일을 이르는 말로 한자 뜻을 그대로 풀이하면 '차와 밥을 먹는 일'이니 예사롭다고 아니할 수 없다. 그렇지만 지금 시점에서 예사롭다는 것이지 예전 시점에서 이런 일들은 결코 예사롭지 않았다. 밥을 먹는 것은 예나 지금이나 예사로운 일이지만 차는 그렇지 않다. 예전에 차는 귀한 상품이었다. 그보단 술이 더 흔했고, 제사나 명절에 쓰는 것도 전부 술이었다. 차는 술보다 훨씬 고가의 사치품이었다. 가령 《삼국지(삼국연의)》에는 유비가 어머님에게 드릴 비싼 차를 도적에게 빼앗기는 장면이 나온다. 차는 중국에서도 따뜻한 남쪽에서 자라는 것이기에 북쪽에 사는 사람에게는 특히나 더 귀한 사치품이었다.

그런 차가 중국에서 그나마 널리 퍼지게 된 것은 불교가 들어오고, 절에서 행하는 의례에는 술을 금하는 규율에 따라 차를 쓰게 되었기 때문이다. 덕분에 절을 중심으로 차나무를 심기 시작한 것이 차의 시초이다. 다만 우리나라는 차나무가 추운 지방에서는 자라지 못해 남쪽 지방으로 심는 곳이 한정되었을 뿐이다. 상황이 이러하니 북쪽 지역 사찰에서는 중국에서 차를 수입하거나 남쪽의 차를 가져다 쓸 수밖에 없었다. 그러니 차가 절에서도 흔한 것은 아니었다.

어쨌거나 절에서는 차가 없이는 그 많은 행사를 치를 수 없으니 차를 미리 준비해야 했다. 그리고 행사가 많을수록 차를 많이 마실 수밖에 없었다. 불교 국가인 고려에서도 차가 흔하지는 않았고, 귀족 정도나 되어야 일상에서 비싼 차를 즐길 수 있었다. 하지만 절에서만큼은 차도 밥도 일상적인 일이니 '다반사'는 불교에서 나온 용어인 셈이다. 만일 이 것이 유교식 제사에서 유래한 말이라면 '주반사(酒飯事)'가 되어야 맞다.

막다른 곳에 몰려 어찌할 수 없을 때 보통 '이판사판'이라 쓴다. 그런데 어떤 사람들은 그 뜻이 '이번 판이 죽을 판'이 라고 알고 있기도 하다. 그러나 이것은 불교에서 나온 용어 이다. 승려들은 대개 두 부류로 나뉘는데 '이판(理判)'은 이판 승을, '사판(事判)'은 사판승을 뜻한다. '판(判)'은 칼(刂)로 절 반(半)을 가르는 것으로 '판단이나 판결'을 뜻한다. 즉, '이 판'은 불교의 법리를 가를 수 있게 수도하고 법을 깨치려 애 쓰는 승려이다. 그러나 절도, 절에 있는 사람도 이슬만 먹고 살 수는 없다. 절이 돌아가려면 돈도 필요하고, 식량도 있어 야 하며, 절을 운영할 사람이 필요하다. 이를 '사판'이라 하 고 이런 일을 행하는 승려를 사판승이라 한다. 이를테면 학 승이나 선승은 이판승이고, 신도들의 행사를 주관하고 총무 를 보거나 부엌을 담당하는 승려는 사판승인 셈이다.

그런데 왜 이처럼 승려를 구분해 부르는 단어가 '막다른 길'을 지칭하는 어휘로 쓰이게 되었을까? 이렇게 극적인 의 미의 전환은 쉽지 않은 일이다. 그러나 찬찬히 생각하면 단

서가 잡히기도 한다. 통일신라 시대나 고려 시대에는 불교가
국교였으니 승려가 되면 상당한 명예나 부를 손에 쥘 수도
있었다. 다만 불가의 계율을 엄격히 지킬 경우 자식을 낳지
못해 세속적인 계승을 이룰 수 없는 것이 상당한 약점이었을
터이다. 그러나 종교적 심성이 강하다면 진리와 명예를 위해
그 정도는 감수할 수 있었다.

그러나 유교를 국가의 기본으로 삼는 조선에 들어와서는
상황이 달라졌다. 억불정책에 의해 불교와 절이 탄압받기 시
작했고, 승려의 지위도 밑바닥으로 추락했다. 그러니 생계를
위해서 승려가 되든, 불교의 법리를 위한 일념으로 승려가
되든 자손이 끊기는 것은 물론이요, 사회적 지위까지 추락하
는 꼴이 되게 된 것이다. 아마도 이것이 '이판사판'의 뜻이
변하게 된 가장 큰 원인이 아닌가 싶다. 아마도 조선의 승려
들은 세속적인 즐거움도 누리지 못하고, 신분과 명예도 실추
되는 출가가 인생의 막다른 골목이라 생각했을지도 모를 일
이다.

현관과 탈락

불교 용어들 가운데에는 듣기만 해도 불교의 분위기가 물씬 풍기는 단어들이 있다. 이제는 너무 자연스럽게 쓰여서 도무지 불교 용어라고 생각할 수 없는 단어들도 있다. 가령 '어떤 일에 관한 생각이나 견해'라는 뜻을 지닌 '관념(觀念)'이란 단어는 원래 '부처나 진리를 관찰하고 생각하다'라는 뜻의 불교 용어이다. 하지만 이제는 이 단어에서 불교의 기운은 싹 사라지고 '관념 없는 놈'이라는 표현으로 쓰이는 일상어가 된 지 오래됐다. 종교의 용어들이 일상에서 쓰이는 용어가 된 것은 마치 고즈넉한 산속에 있던 절이 시정의 여염집이 된 듯한 느낌이 들기도 한다.

　이런 말 가운데에는 '현관(玄關)'이란 단어도 있다. 요즘 우리는 아무 생각 없이 이 말을 쓰지만 이 역시 불교에서 비롯된 단어이다. 한자를 배우면서 '현관'에 '검을 현(玄)'을 쓴 것을 보고 '옛날에는 출입문을 검은색으로 칠했나 보다' 하고 생각한 적이 있다. 그러면서 '검은색은 저승에 가는 문을 뜻하는 것이 아닌가?' 하고 갸우뚱했다. 나중에 살펴보니 '현관'은 불교에서 '차원이 다른 두 경계의 문'을 일컫는 단어였다. 훗날 그 의미가 선종의 사찰 건물 문을 이르게 되었다가 민간의 집 문까지 이르는 말로 확장되었을 뿐이다.

　사실 절에서 유래해서 민간에 퍼진 용어들은 많다. '식당'도 그렇다. 절에는 부처를 모신 금당이나 불전을 모신 경당만 있는 것이 아니라 밥을 먹는 장소도 있다. 이곳을 절에서 '식당'이라 불렀는데, 이 말이 민간으로 퍼져서 '식당'이 '밥을 먹거나 파는 곳'을 통칭하는 용어가 된 것이다. 그렇다면 그 이전에는 모여서 밥을 먹는 식당이 없었을까? 옛날 집에서야 따로 밥만 먹는 방은 없었을 것이고, 연회를 하는 장소를 '식당'이라고 부르지도 않았다. 예전에 밥을 파는 곳은 '주막'이라고 불렀을 뿐이다. '강당' 또한 본래는 '절에서 불경과 불교의 교리를 연구하고 공부하는 곳'을 이르는 말이지만, 이제는 '학교나 기관에서 여러 사람을 한데 모아 강연이나 의식을 행하는 곳'을 이른다. 이런 의미의 전용은 자연스럽기까지 하다. 어차피 앞서 언급한 단어들은 한자로 된 조어이고, 그것이 꼭 종교적인 것이 아닌 다른 것을 이르는 말로 전환되는 것이 어색하지 않기 때문이다.

그러나 '탈락(脫落)'이란 단어에 이르면 기분이 묘해진다. 종교적 의미와 일상적 의미가 사뭇 다르기 때문이다. 일반적으로 '탈락'은 '기록이나 성적이 모자라 낙오되는 것'을 뜻한다. 이런 의미로 쓸 때는 이 단어가 불교에서 온 것이라는 느낌은 들지 않는다. '탈락의 '탈(脫)'은 '벗다, 벗어나다'라는 뜻으로, 본래는 '짐승의 살을 뼈에서 발라내다'라는 뜻에서부터 '육신을 벗어나다'라는 뜻이 생겼다. '락(落)'은 본디 비가 내리는 것을 뜻하기에 '떨어지다'라는 의미이다. 따라서 두 글자를 이으면 '육신을 벗어 떨어뜨리다'라는 뜻이 되어 우리가 일반적으로 쓰는 '탈락'의 뜻과는 다르다.

불교에서 '탈락'의 뜻은 '집착에서 벗어나 몸과 마음의 해탈을 이루다'라는 좋은 뜻이다. 해탈은 득도의 단계이니 세속을 초월한 기쁨이어야 맞다. 헌데 어떻게 종교적으로 좋은 의미의 단어가 현실에서는 뒤처지고 낙오되는 것으로 의미가 뒤바뀌었을까? 종교에서의 성취는 세속에서 벗어나는 것이고, 세속에서 벗어남은 곧 현실에서의 낙오일지도 모른다. 종교의 가치와 세속의 가치가 같을 수는 없다. '탈락'이 종교에서는 목표가 될 수 있어도 현실에서는 목표일 수 없다.

물론 이와 같은 이유로 '탈락'이 지금의 일상어 뜻이 되지는 않았을 것이다. 아마도 '탈락'이 해탈한 뒤에 남아 있는 그 무엇을 지칭하다가 점차 동사로 변하면서 지금의 뜻으로 쓰이지 않았을까 짐작한다. 2,000년 가까이 이어진 불교 신앙은 생활의 곳곳에 흔적을 남겼을 뿐만 아니라 우리말에도 무수한 흔적을 남겼다.

외래 종교인 기독교가 들어오면서 번역한 용어도 불교에 빚을 졌다. 예를 들어 믿음을 지니고 산 사람이 죽어서 갈 수 있다는 기독교의 이상향을 뜻하는 '천당'도 불교의 사후 세계 용어를 빌린 것이라 볼 수 있다. 물론 불교에서는 사후 세계를 뜻하는 곳이 여러 단계로 나뉘어 있지만 '하늘나라'를 가리키는 '천당'은 불교에 기댄 용어이다.

개신교의 하나인 장로교의 '장로(長老)'도 '덕이 높은 연장자 비구승'을 뜻하는 불교의 용어이다. 이 용어를 빌려 개신교에서 평신도로서 도달할 수 있는 최고 직급을 뜻하는 용어로 쓴 것이다. 그러니 기독교도 불교의 덕을 입었다고 할 수 있다. 하지만 세상 어디 그렇지 않은 것이 있을까. 불교 또한 인도에서 동아시아로 건너오며 도교와 유교의 수많은 한자 용어를 빌려서 자신의 교리를 표현할 수밖에 없었다.

야단법석, 아수라장, 아비규환, 나락

우리가 쓰는 말 중에는 때로 발음이 같아 오해하는 경우가 있다. 가령 '야단법석'이란 말이 그렇다. 이 단어를 불교에서 온 것으로 착각하여 '야단(野壇)'과 '법석(法席)'을 합친 말로 잘못 생각하기도 한다. '야단'은 야외에서 제를 올리려고 쌓은 제단이고, '법석'은 부처님의 법을 설파하기 위해 여럿이 앉도록 자리를 마련한 것이다. 고려 시대에는 불교가 흥성했고 또 타락했기에 야외 행사가 난장판이었다는 그럴듯한 이야기가 덧붙는다. 하지만 아무리 타락한 종교라도 법회가 난장판까지 이르겠는가.

그리고 '야단'에는 또 다른 용법들이 있다. 가령 '야단치다'나 '야단맞다'란 표현도 있고, '야단나다'란 말도 쓰인다. 전자는 큰소리로 꾸짖는 것을 뜻하고, 후자는 '난처하거나 딱하다'라는 의미이다. 이 말들에서 '야단'의 뜻은 본래 의미인 '들에서 제사 올리는 제단'이 아니라 '야단법석'에서 뒤에 붙은 '법석'으로 인한 연상 작용으로 생긴 해석일 것이다. 그렇다면 이 말의 본래 연원은 어디서 왔을까?

'야기요단(惹起鬧端)'이란 말이 있다. 한자도 쉽지 않고 어려운 말 같지만 우리가 자주 쓰는 세 단어가 이 네 글자 가운데에 있다. 먼저 앞의 두 글자는 일을 '불러일으키다'라는 뜻의 '야기하다'로 쓰인다. 첫째와 셋째 글자를 모으면 '트집을 잡고 시비를 일으키다'라는 뜻의 '야료 부리다'라는 표현에 쓰인다. 한편 첫째와 넷째 글자를 합치면 '야단'이 된다. 사자성어 하나에서 세 단어가 만들어지는 것은 흔한 일이 아니다.

네 글자의 뜻을 각각 살펴보면 '이끌 야(惹)'는 굿을 하면서 '신을 불러오는 무당의 마음'이라 해석해도 좋다. '기(起)'는 '일어나다'라는 뜻이다. '요/료(鬧)'는 시장에서 싸우는 것이니 얼마나 시끄러울 것이며, '단(端)'은 '끄트머리'를 의미한다. '법석'도 줄인 말이어서 '법회의 자리에서(法會席中)'가 완전한 구절이니 온전한 해석은 '법회의 자리에서 꼬투리를 잡아서 시끄러움을 불러일으키다'가 된다. 다시 말해 '경건해야 할 법회에서 조그만 구실을 찾아 야료를 부리다'라는 뜻으로, 이것이 보통 우리가 쓰는 '야단법석'의 유래이다.

'야단법석'이 그저 엉망진창인 상태를 묘사하는 어휘라면

'아수라장'은 그보다 더욱 끔찍한 상태를 뜻한다. 전쟁터와 같이 피와 주검이 즐비한 참혹한 곳을 '아수라장'이라 표현한다. '아수라장' 역시 불교에서 유래한 말이다. 최고의 신으로 도리천을 지키는 '제석천(帝釋天)'은 얼굴은 셋에 팔이 여섯 개 달린 전쟁의 신인 '아수라(阿修羅)'와 싸우고, 그 싸움터는 언제나 피로 흥건하다. 아수라가 이기면 세상은 빈곤과 재앙이 찾아오기에 인간이 힘들어진다. 아수라가 기운을 잃게 하려면 인간의 선행이 필요하다. 결국 인간이 착한 일을 해야 세상이 좋아진다는 말이다.

　불교에서 유래한 어휘 가운데에는 '아비규환(阿鼻叫喚)'도 있다. 사람들이 비참한 상태가 되어 울부짖는 참상을 이렇게 말한다. 불교 교리에는 여러 지옥이 있는데, 그 가운데 '아비지옥'은 팔열지옥 중 여덟 번째 지옥으로 잠시도 고통을 쉴 틈이 없는 최악의 지옥이어서, '고통의 사이가 없다'라는 뜻에서 '무간(無間)지옥'이라고도 한다. 한편 '규환지옥'은 끓는 물과 불길이 솟는 뜨거운 고통에 소리를 질러야 하는 지옥이다. 이 두 지옥을 합쳐 한데 부르는 '아비규환'은 끔찍한 지옥의 참상을 표현하는 어휘로 쓰인다.

　불교에서 고통스러운 지옥을 강조하는 것은 지금 살고 있는 이 세상에서 선하게 살라는 가르침을 주려 하기 때문이다. 세상을 살 때 악행을 저지르지 말고 착하게 살라는 것이다. 그래야 이 세상이 좋아지고, 죽어서도 지옥에 가지 않으며, 윤회로 인해 다시 세상에 태어날 때도 행복하게 살 수 있음을 강조하는 것이지, 불교가 특별히 무섭고 흉포한 종교여서 그런 것은 아니다.

이 세상을 살 때 죄업을 지으면 그 죄에 맞는 지옥으로 떨어진다. 지옥을 불교 시원지의 언어로 '나라카(naraka)'라고 한다. 이 '나라카'를 한자로 번역한 것이 '나락(奈落)'이다. 즉 나락에 떨어지는 것은 바로 지옥에 떨어지는 것이다.

불교에서 유래한 일상 용어 ①: 명사들

우리나라에서 가장 오래된 종교는 무교(巫敎)일 것이다. 무교는 우리의 시초와 같이 시작하여 오래된 만큼 언어에 미친 영향도 깊었겠지만 이미 생활어에 녹아 있어 그 유래를 밝히기 힘들다. 그다음으로 삼국 시대에 전래된 종교인 불교 역시 전해진 지 오래되어 많은 용어가 우리 생활에 녹아들었기에 지금은 불교에서 나온 용어라 여기지 않는 말들도 많다.

이를테면 '점심(點心)'이란 말이 그렇다. 원래 '점심'이란 선가에서 배가 고플 때 음식을 조금 먹는 일이었다고 한다. 수도승이 조석으로 밥을 먹지만 정 배가 고프면 중간에 음식을 조금 먹어 허기를 누그러뜨리는 일을 '마음에 점을 찍다'라는 귀여운 표현으로 일컫던 것이 이 말의 연원이다. 일반에서 끼니를 해결하는 것도 이와 크게 다르지 않아 대체로 아침과 저녁에 두 번 밥을 먹었고 그 가운데에 배고프면 한 번 더 챙겨 먹는 정도였으니 여기에 절에서 쓰는 '점심'이라는 어휘가 꼭 맞아떨어진 셈이다. 이후 점차로 식사가 하루 두 끼에서 세 끼로 바뀌게 되면서 '점심'이 고정되었다.

반면에 '곡차(穀茶)'란 말은 일상적으로 쓰지만 여전히 불교의 흔적이 느껴지는 말이다. 왜냐하면 은근슬쩍 술을 지칭하는 말로 쓰이고, 본디 절이나 승려는 술을 금하게 되어 있으므로 이를 돌려 말하고 있음을 느낄 수 있기 때문이다. 곡차'는 불교 용어 중에서도 새로운 조어라 조선 중기 이후에 비로소 쓰기 시작했다고 한다. 하지만 이제는 술꾼들이 은근히 '음주'를 표현하는 의미로 더 많이 쓰고 있으니 조만간 불교 느낌은 더 옅어질 것이다.

한옥에서 지붕을 잇는 '기와'가 불교에서, 더군다나 산스크리트어의 음역에서 비롯된 말이라 하면 의외라 여길 것이다. 더군다나 기와는 '개와(蓋瓦)'란 한자어가 변한 것인데, '개'는 '덮다'라는 뜻이고, '와'는 아예 '기와'란 훈으로 읽는다. 그러니 '기와'는 한자 뜻까지 이미 지붕을 덮는 물건인데 어떻게 음역된 말이고, 불교에서 유래했다고 할 수 있을까? '기와'의 원어인 산스크리트어 '카팔라(kapāla)'는 '접시 모양의 그릇'을 뜻한다. 이것으로 지붕을 덮기 시작하면서 '개와'란 '지붕 덮는 그릇'이란 음역 한자 뜻과 일치하게 되었다.

물론 기와로 덮는 건물은 왕궁이나 절, 아니면 고관이나 호족의 집이다.

옷감 사이에 솜을 넣고 촘촘하게 바느질하는 것을 '누비다'라 하고, 이런 옷감으로 만든 옷을 '누비옷'이라 한다. 이 '누비'는 한자어 '납의(衲衣)'가 음이 변한 것이다. '납(衲)'은 '깁다'란 뜻이어서 '기운 옷'이란 뜻이다. 본디 무소유를 실천하는 불교 수행자는 버린 헝겊 조각을 모아 기워 만든 '납의'를 입었다. 이것이 민간으로 흘러가 겨울을 나는 '누비옷'이 되었으니 이 또한 불교 유래라 아니할 수 없다.

우리는 배움을 주고 가르쳐 이끌어준 사람을 '스승'이라 한다. 이 '스승'이란 말은 원래 무당을 이르는 말이었다고 하는데, 나중에 불교가 들어왔을 때는 '사승(師僧)'이란 한자가 붙어 학식이 많고 고매하여 가르침을 주는 승려를 이르는 말이 되었다. 이 불교 용어가 발음이 변하여 우리말처럼 되고 일반적인 용어가 되었으며, 이제는 학교에서 '스승의 날'도 기리게 되었다.

소설이나 실화를 시나리오나 희곡으로 바꾸는 작업을 '각색(脚色)'이라고 한다. 또 실제로 없는 것을 보태어 사실처럼 꾸미는 것을 뜻하기도 한다. 그런데 이 '각색'은 본래 중국에서는 '관료의 이력서'를 뜻했고, 우리나라에 불교가 들어온 다음에는 '승려의 수행 이력을 기재한 문서'를 뜻하는 말이 되었다. 그런데 이력을 적을 때는 나쁜 것은 빼고, 좋은 것은 부풀리는 것이 보통이다. 그래서 '각색'이 '없는 것을 보태는 일'이란 의미가 되었다. 이것이 두 번째 뜻의 유래이다. 첫 번째 뜻의 유래는 중국 원나라 때 시작된 것이다. 이 시절 연극이 발달하면서 극중 상황에 따라 분장과 배역을 바꾸는 일을 '각색'이라 했다. 이것이 시간이 흘러 '이야기를 극으로 꾸미다'라는 뜻으로 쓰이게 되었다. 어차피 모든 연극은 이야기가 바탕이 되는 것이고, 배우는 배역에 따라 색깔을 달리해 연기하는 것이다.

연극 이야기가 나왔으니 말이지만 연극이나 영화에서 쓰는 '주인공(主人公)'이라는 말도 불교에서 유래한 말이다. 불교에서는 '선을 수행하다가 득도를 한 사람'을 '주인공'이라 했다. 득도가 목적인 곳에서 하기 힘든 득도를 했으니 그 안에서 으뜸인 사람임이 분명하다. 모든 무대에서도 이야기를 끌고 가는 인물이 있으니 그이의 이야기가 바로 연극이나 영화 또는 소설에서 중심이 되어 서사가 진행된다. 우리도 인생이란 무대에서 내가 주인공인 삶을 살고 있다.

불교에서 유래한 일상 용어 ② :
생각지도 못했던 불교 용어

앞서 보았듯이 불교에서 유래한 일상어에는 단연 명사가 많지만 꼭 그런 것은 아니다. 부사나 용언도 있으며 불교에서 왔으리라고는 한 번도 생각하지 못한 말도 있다. 그렇게 우리말에 광범위하게 불교 유래 용어가 있다는 것은 그만큼 우리가 불교와 함께한 세월이 깊고 길다는 뜻이다.

'대강'이나 '대충' 또는 '어지간하다'라는 뜻으로 쓰는 부사인 '얼추'가 불교에서 나온 말이라 생각하는 사람이 있을까? 하지만 이 말도 불교와 관련이 깊다. 절에 가보면 여러 장식이 있다. 우선 기둥 위와 공포에는 단청이 곱게 칠해져 있고, 절로 들어가는 초입인 사천왕문에는 조각과 목어와 같은 조각품도 있다. 불상 뒤에는 여러 탱화가 불당을 장식하고 있다. 지금 같으면 단청은 단청 장인이 하고, 탱화는 불화 그리는 화가가 하고, 조각품 만들기는 조각 장인이 할 것이다. 하지만 예전에는 이 세 가지 일을 따로 하는 것이 아니라 혼자서 전부 할 줄 알아야 진정한 장인으로 대접했다. 그렇게 셋을 완전하게 해내는 사람은 '금어(金魚)'라 했고, 아직 완전치 못해 둘 정도만 제대로 할 줄 아는 사람을 '어축(魚軸)'이라 했는데, 이것의 음운이 변해서 '얼추'가 된 것이다. 그러니 완전한 장인은 되지 못하고 '얼추' 장인 정도가 된다는 뜻이다.

요즘 활용도가 많지는 않지만 그렇다고 잘 쓰지 않는다고 할 수는 없는 '단박'이란 단어가 있다. 이 말은 '그 자리에서 바로'란 뜻으로 쓰는 명사로 한자어 같단 느낌을 주지만 사전에 한자 표기가 없다. 그러나 '단박'은 불교의 의례 이름인 '단백(單白)'에서 나온 것이고, 그 뜻은 '한 번에 고백하다'로 사소한 일상의 잘못을 대중 앞에서 한 번 고백하고 끝내는 것을 가리킨다. 그렇게 한 번에 마치니 '그 자리에서 바로'란 뜻으로 변한 것이다. 일부 방언에서는 '담박'이라고 하기도 한다.

불교의 기원지는 인도로 날씨가 더운 지역이다. 이곳에는 백수의 제왕 사자가 존재한다. 그러니 '사자의 울음소리'란 뜻의 '사자후(獅子吼)'란 말도 불교와 함께 들어온 것이다. 이는 본디 부처의 설법에 대한 비유로 부처가 이야기하면 모든 악마가 굴복하는 것이 사자의 울부짖는 소리에 여타 짐승들이 두려워하는 것과 같다는 뜻이다.

　괴롭힘이나 성가심을 당하는 일을 '시달리다'라 하고 그 명사형은 '시달림'이다. 보통은 용언에서 명사형이 만들어지는데, 이 말은 명사가 먼저 있었고 나중에 '시달리다'라는 용언이 생겼다. '시달림'은 인도 마가다국의 북쪽에 있는 숲 '쉬타바나'를 음역한 '시다림(尸茶林)'에서 나왔다. 이 숲을 의역한 말이 '추운 숲'인 '한림(寒林)'이다. 이 숲은 죽은 시체를 처리하거나 죄수들을 살게 하는 용도였다. 그러니 이곳에 사는 것은 괴롭기 짝이 없는 일이었을 터이고 '시다림'에 그런 뜻이 옮겨간 것이다. 절에서 '시다림'은 '죽어가는 사람이나 시체를 앞에 두고 하는 설법이나 염불'을 가리킨다. 이 '시다림'이 '시달림'이 되었고 '시달리다'란 말도 생겼다.

　국어사전에는 올라가 있지는 않지만 '아사리판'이란 말이 있다. '소란스럽고 무질서한 판국'을 이르는 말이다. '아사리판'은 사전에 없지만 '아사리(阿闍梨)'는 있다. 괄호 안의 한자로 보아 산스크리트어의 음역임을 짐작할 수 있는 이 말의 뜻풀이는 '제자를 가르치고 제자의 행위를 바르게 지도하여 그 모범이 될 수 있는 승려'이니 우리가 아는 '아사리판'

과 너무 반대의 뜻이다. 이 말은 산스크리트어의 '아차르야 (ācārya)'의 음역으로 뜻은 국어사전에서 풀이하고 있는 그대로이다. 그런데 이들이 모이는 자리는 여러 의견이 나와 언쟁이 벌어지고, 토론하다가 고성이 나오기도 하고, 그러다 무질서한 판국이 벌어지기 쉬운 법이다. 그렇기에 '아사리판'은 '아사리'와 다른 뜻을 지닌다. 그런데 현실에서 '아사리'보다 '아사리판'이 더 많이 쓰이고 있으니 '아사리판'도 사전에 등재해야 할 말이 아닐까 생각한다.

'뒷바라지'나 '옥바라지'의 '바라지'는 '옷이나 음식 따위를 마련해주고 돌보는 일'을 뜻한다. 이 '바라지'는 '절에서 의식을 주재하는 승려를 도와 보조하는 직책'을 뜻한다. 가령 경전의 다음 구절을 받아 읽거나, 목탁을 치거나, 공양물을 올리는 일을 하며 의식을 주관하는 승려를 돕는다. 이 말이 민간으로 퍼지면서 '도와주는 일'을 뜻하게 되었다.

불교에서 유래한 일상 용어 ③: 알게 모르게 스며든 말

요즘은 쓰임새가 많이 줄었지만, 예전에는 집집마다 '다라이'라는 커다란 그릇이 있어 김장처럼 많은 음식을 할 때 요긴하게 썼다. 그 재질도 쇠나 나무였던 것이 플라스틱으로 바뀌었지만 시장에서 팔리고 있는 것을 보면 여전히 수요가 있다. 그런데 이 '다라이'를 국어사전에서 찾아보면 'tarai〔盥〕'라 적혀 있다. 곧 일본말에서 왔다는 것이다. 이것이 통념상 '다라이'의 유래인데, 다만 일본어에서 '다라이'는 우리의 '대야' 정도에 해당하는 세면용 그릇이다. 우리의 '다라이'는 그것보다 훨씬 크다.

그런데 이것이 불교 유래라는 이야기도 있다. '다라이'는 '다라(多羅)'에서 나왔는데, '다라'는 산스크리트어 '파트라 (pātra)'를 음역한 '발다라(鉢多羅)'를 줄인 말이라고 한다. 그리고 이 '다라'는 부처님오신날에 부처의 탄생불을 가운데에 두고 목욕을 시키는 용도로 쓴다는 것이다. 그릇의 크기로 보면 이 말이 옳은 것 같지만 '이'가 덧붙은 것을 보면 아닌 것 같기도 하다.

어쨌거나 삶은 태어남에서 시작하고, 태어남은 사랑에서 비롯된다. '사랑'은 한자어 '사량(思量)'에서 나왔으니 본디 '생각하고 헤아리다'라는 뜻이나 점차 '아끼고 위하며 한없이 베푸는 일'을 뜻하게 되었고, '남녀 사이의 정분'이라는 의미까지 이 단어에 함축되었다. 불교에서도 '사량'이란 용어가 쓰였으나 '사색하고 고찰하다'라는 무겁고 철학적인 뜻이었다.

남녀 사이의 사랑에는 '밀어(密語)'가 빠질 수 없다. 세상 다른 사람들은 몰라야 할 둘만의 이야기가 있는 것이다. '밀(密)'은 '빽빽하다'나 '깊숙하다'란 뜻으로 쓰이는 글자인데 '밀교(密敎)'처럼 불교의 일파를 말한다. 밀교에는 여러 특징이 있지만 여기서 '밀'이라 함은 불교의 원래 언어인 산스크리트어를 번역하지 않고 원음 그대로 발음하여 외우기 때문이다. 그러니 일반인들은 무슨 뜻인지 모른다. 불교에서 '밀어'란 '진실을 속에 감추고 다른 방법으로 우회해서 이야기한 진리의 말씀'을 이른다. 연인들이 나누는 '밀어'도 다른 사람이 들으면 무슨 말인지 모를 경우가 많다.

　인생이나 사랑이나 즐겁고 평탄하지만은 않다. 나쁜 일도 생기고, 아프기도 하며, 사랑하는 사람과 헤어지기도 한다. 그래서 마음에는 '번뇌(煩惱)'가 쌓인다. '번뇌'는 워낙 불교에서 많이 쓰기에 불교 용어란 것을 다 알지만 일반 언어생활에서도 많이 쓴다. 이는 산스크리트어의 '클레샤(kleśa)'를 의역한 말이다.

　누구에게 구걸하는 일을 '동냥'이라고 한다. 본디 이 말은 '탁발승이 쇠방울을 흔들면서 다니며 시주를 얻는 것'을 뜻했으나 점차 '구걸'의 뜻으로 변했다. 하지만 '귀동냥', '눈동냥', '글동냥', '젖동냥'과 같은 파생어를 보면 '동냥'이 마냥 구걸처럼 구지레하지 않았다. 이로써 '동냥'이 일방적인 시혜에 기대는 행위라기보다 서로를 인정하고 마음으로 도와주는 미풍양속이었음을 알 수 있다.

　지나치게 걱정이 많은 것을 '노파심(老婆心)'이라 한다. 이는 마치 할머니가 어린아이를 걱정하는 것처럼 갖은 걱정이 많다는 말이다. '노파'는 '늙은 할머니'이니 이 말이 불교 유래라고 생각하기 쉽지 않다. 그러나 '노파'는 산스크리트어에서 '늙은 여자'를 뜻하는 '노바(nova)'를 번역한 것으로, 번역어의 음역과 의역이 동시에 조화롭게 되어 번역어라 여기지 않을 뿐이다. 불교에서 노파심은 '자비롭고 친절하며, 마치 스승이 제자를 돌보는 마음'을 뜻한다. 현대 중국어에서는 이 '노파'가 '마누라'를 뜻한다.

죽음과 관련된 일상어에도 불교 용어가 많다. 매스컴에서 사회적 지위가 있거나 명망이 있는 사람의 죽음을 보도할 때 '타계(他界)하다'란 표현을 쓴다. 이것 역시 불교적 세계관에 바탕을 둔 말이다. 이승을 살다 죽은 사람은 다른 세계로 들어간다는 불교의 윤회 사상에서 비롯되었다. 지금은 그런 뜻보다 '죽다'를 품위 있게 바꾼 말로만 여긴다.

'명복(冥福)'이란 말도 분명 불교 용어이다. 불교에서는 사람이 죽으면 염라대왕이 기다리고 있는 명부(冥府)에 간다고 보는데, '명복'이란 말은 바로 그 '명부에서의 복'을 뜻한다. 물론 많은 종교에서 죽은 다음에 영혼이 가는 세상을 상정하고 있지만, 명부는 오로지 불교에만 있다. 하지만 요즘은 어떤 종교를 믿든 간에 상을 당한 사람을 만나면 '삼가 고인의 명복을 빕니다' 하고 인사한다. 이렇듯 이제 '명복'은 '저세상에서 받는 복'으로 그 뜻이 바뀌었다.

신부, 사제, 목사, 장로

대부분 종교는 숭배 대상인 신이 있다. 신은 이 세상에 살고 있지 않기에 신의 대리자를 두고 있다. 가령 불교의 경우에는 부처를 대신하는 승려들이 있고, 그 승려들의 세계에도 나름대로 계급과 질서가 있게 마련이다. 보통 신도들은 승려들을 '스님'이라 통칭하지만 특별한 승려는 '법사(法師)', '대사(大師)', '선사(禪師)'와 같은 명칭으로 부른다. 한편 한 종파에는 '종사(宗師)'라 부르는, 종단을 이끄는 우두머리도 있다. 그 이외에도 절에는 주지(住持)도 있고, 여러 직분을 지닌 승려가 있으며 '절에서 밥을 짓고 물을 긷는 일을 도맡아서 하는' 불목하니까지 다양한 구성원이 절 생활을 영위한다. 여하튼 불교는 인도에서 중국을 거쳐 왔기에 한자로 된 명칭이 그리 어색하지 않다.

그런데 서양에서 온 종교인 기독교는 사정이 조금 다르다. 기독교는 크게 구교인 가톨릭과 신교인 개신교로 나눌 수 있는데, 이들 종교를 이끄는 사람들의 명칭은 영어를 우리말로 적절히 바꾸어야만 했다. 기독교에서 직분을 뜻하는 단어에는 '신부(神父)', '사제(司祭)', '목사(牧師)', '장로(長老)' 등이 있다. '기독(교)'이라는 말부터가 서양의 종교가 들어오면서 중국에서 고유명사인 '크리스트'를 '기독(基督)'이라 음역한 것이다. 그리고 성직자들의 명칭은 가능한 한 그 뜻을 살려 번역해야 일반인들의 이해가 높아지고 포교가 수월했을 것이기에 상당히 신경을 써서 번역했을 것이다.

서구의 기독교가 동방에서 가장 먼저 도달한 곳은 중국이고, 그다음이 일본으로 우리가 가장 늦게 전래되었다. 그러니 종교 용어 번역의 과제를 가장 먼저 짊어진 곳도 중국이었다. 그런데 성직자 명칭 번역에는 조건이 있었다. 이들은 신의 대리자이기 때문에 일반인들에게 존경받아야 한다. 당시 중국 사회에서 존경받는 인물들은 서양처럼 성직자가 아닌 관리였다. 그렇다고 해서 성직자에게 관직 이름을 붙일 수는 없는 노릇이었다. 만일 그렇게 하면 이들은 관리의 미움을 받을 수도 있었다.

그래서 생각한 것이 현재는 쓰지 않는 옛 관직 이름을 빌려다 쓰는 것이었다. 유럽 언어에서 '신부'를 뜻하는 단어들은 그리스어에서 '연장자'란 뜻의 어휘에서 가져온 것이다. 교회에서 의례를 이끄는 사람은 대개 나이가 많은 사람들이 었으니 자연스럽게 전용되었을 것이다. '신부(神父)'란 말은 《후한서(後漢書)》에 찾아낸 것인데, '지방관으로 현명한 자를 신처럼 경배하며 아버지처럼 우러르다'라는 뜻으로 쓰인 말이다. 이 정도로 추앙을 받았다면 청백하고 성실한 관리였을 터이다. 그러니 교회로서는 이보다 더 좋은 용어를 찾기 힘들었을 듯싶다.

또한 교회에서 의례를 이끄는 사람을 '사제(司祭)'라 통칭한다. 물론 미사를 집전하는 사람은 혼자이지만 이 신부들에게도 서열과 계급이 있어 신부를 관할하는 신부도 있고, 그보다 더 높은 추기경이란 신부도 있으며, 정점에는 교황이 있다. '사제'는 이들을 직위와 관계없이 통칭하는 말이다. 중국에서 '사제(司祭)'란 제사를 주관하는 관료이고, 제사는 자연신과 조상신에게 지낸다. 중국인의 입장에서는 기독교의 미사나 예배도 제사와 비슷한 것이었으며, 그렇기에 직위와 상관없이 이들을 '사제'라 부른 것이다. 더군다나 '사제'는 지금은 없는 옛날 관직이니 진짜 관리들의 미움을 살 일도 없었다.

유럽에서 종교개혁이 일어남에 따라 기독교에서 개신교가 분리되자 가톨릭과 신교는 성직자 체계가 달라졌다. 개신교 가운데에 성공회와 같은 일부는 가톨릭과 같은 체제를 유지하고 신부의 혼인만 허용하는 방향으로 전환했다. 다른 신교들은 예배 집전자의 역할 이외의 사명을 강조했다. 곧 일반인들을 양으로 보고, 교회를 이끄는 자는 이 양을 돌보고 이끄는 목자(牧者)로 비유한 것이다. 그래서 개신교에서는 예배를 이끄는 사람을 양치기 목자를 뜻하는 '파스토르(Pastor)'라 불렀다.

서양에서 구교와 신교의 예배 주관자의 명칭이 다르니 번역에도 이를 나타낼 수 있어야 했다. 동양에서의 선교는 가톨릭이 선점하고 있었지만 개신교도 뒤늦게 해외 선교에 나섰다. 그들이 종교 인도자를 가리키는 명칭으로 선택한 용어는 '목사(牧師)'였다. 목사의 '목(牧)' 역시 '가축을 돌보다'라는 뜻이니 '파스토르'와 딱 맞는 표현이었다. 게다가 정약용의 《목민심서(牧民心書)》에서 보듯 유교에서도 백성을 돌보는 일을 가리킬 때 이 '목(牧)'이란 표현을 썼다. 거기에 '스승 사(師)'까지 더하면 '백성을 잘 이끄는 관리'란 뜻이 되니 '파스토르'의 번역어로서 이보다 더 좋은 용어는 없었다.

개신교 가운데에 '장로교'라 부르는 종파가 있다. 개신교
는 교황권을 부정하기에 교회는 나이 많은 '장로(長老, Presby)'
들이 중심이 되어 운영해야 한다는 것이 장로교의 준칙이다.
사실 '신부'도 '장로'를 뜻하는 말이었지만 어디까지나 성직
자를 의미한다. 하지만 장로교에서의 '장로'는 나이가 많은
신망 있는 신도일 뿐이다. 그런데 이 '장로'란 말은 본디 불
교에서 나온 것이다. 곧 '덕이 높고, 나이가 많은(德長年老)'
승려를 존귀하게 부르는 말이었다. 즉, 불교에서도 '장로'는
원래 성직자를 이르는 말이었다. 일반적으로 나이가 많고 덕
이 있는 사람을 여전히 '장로'라 부르는 용법도 남아 있다.
여하튼 말은 끊임없이 돌고 돌아 새로운 뜻으로 쓰인다.

기독교에서 빌려 쓴 불교 용어

"일요일에 교회에 가서 예배를 드리며 설교를 듣고, 찬송을
부르고, 기도를 올려 신앙이 깊어지는 걸 느꼈다." 어느 개
신교도의 종교 생활을 묘사한 것 같은 이 문장에서 불교에서
유래한 어휘는 과연 몇이나 될까? 놀랍게도 '교회', '예배',
'설교', '찬송', '기도', '신앙' 무려 여섯 단어가 불교에서 유
래했다. 기독교의 핵심 용어가 전부 다른 종교에서 나온 셈
이다. 앞서 '장로'가 불교에서 유래한 용어라 했는데, 이뿐만
아니라 핵심 용어 자체가 전부 불교 용어인 셈이다.

　지금 생각하면 새로 도입된 종교가 자신의 용어를 새로 만
들지 않고 다른 종교의 용어를 빌려 쓴다는 사실이 이상하다
고 여겨질지 모르겠다. 하지만 완전히 새로운 용어를 만들면
대중들이 이해하기 어렵기 때문에 전도를 하는 데 큰 장애가
된다. 그러니 여태까지 존재했던 종교의 개념을 빌려서 쓰는
것이 가장 좋은 방법이다. 서양의 선교사가 중국에서 '포교

(布敎)'를 할 때 이미 중국인들에게 천 년 이상 익숙했던 불교의 용어를 빌려 기독교의 교리를 설명하는 것은 가장 현명한 방법이었다. '포교'란 용어 또한 불교의 것이다. 불교 역시 서쪽에서 중국에 전해질 때 도교나 유교에서 사용하던 이미 만들어져 있는 용어를 차용했다.

　기독교 가운데에서 '가톨릭'을 '천주교(天主敎)'로 번역한다. 여기에 '천주'는 '야훼'를 뜻하는데, 이 역시 불교에서 온 것이다. 불교에는 '욕계(慾界)', '색계(色界)' 등과 같은 16개의 '천계(天界)'가 있고, 이를 주재하는 왕이 바로 '천주'이다. 그러나 '천주'도 본디 중국 도교에서 '상제(上帝)'를 이르는 말이었다. 기독교에서 야훼의 뜻을 전달하는 '천사(天使)' 또한 불교에서 사후 세계를 관할하는 염라대왕의 사자를 뜻하는 말을 빌려 쓴 것이다.

　기독교에서 '신의 섭리(攝理)'란 말을 쓴다. 이는 '신이 다스리는 이치'란 뜻이다. 그러나 '섭리'는 원래 승려의 신분 또는 직책이었다. 고려의 교종(敎宗)에서는 '승려 가운데에서 으뜸가는 계급'을 말하였고, 조선에서는 '승군(僧軍)을 통솔하는 승려'를 지칭했다. '섭(攝)'은 '다스리다'라는 뜻이지만 조금 격이 맞지 않는 번역어 같다.

'교회(敎會)'는 불교에서 예불하고 법문을 듣는 모임을 말하는 용어였고, '성당(聖堂)'은 법당이나 불당을 지칭했다. '예배(禮拜)'는 부처나 보살에게 합장하고 절하는 것을 이르는 말이고, '설교(說敎)'는 부처님의 가르침을 사람들에게 말하여 가르친다는 뜻이다. '찬송(讚頌)'은 부처님을 칭송하는 노래를 부르는 것이며, '기도(祈禱)'는 부처나 보살에게 정성을 다해 소원을 비는 일이고, '신앙(信仰)'은 부처와 보살의 가르침을 믿고 받드는 일을 뜻한다. 이 모든 불교 용어를 기독교에서 빌려 쓰다 보니 이제는 원래부터 기독교의 용어인 것처럼 여긴다.

이뿐만 아니라 초인적인 힘을 가지고 사람에게 피해를 주는 저급한 신을 뜻하는 '귀신(鬼神)'이나 사람에게 재앙을 주거나 나쁜 길로 인도하며 수행을 방해하는 존재인 '악마(惡魔)' 또한 불교 안의 존재였으나 기독교의 중요한 번역어로 쓰였다. '인류를 죄악과 파멸에서 구원하다'라는 뜻으로 쓰는 '구세주(救世主)'의 '구세' 또한 불교의 용어이다. 불교에서 세상을 구원하는 것은 물론 부처나 보살이지만 말이다.

가톨릭에서 수사들이 수행하는 공간인 '수도원'의 '수도(修道)'나 '행실을 닦다'라는 뜻의 '수행(修行)' 또한 불교의 용어이며, '성지순례'의 '순례(巡禮)' 역시 부처나 보살과 관련된 곳을 찾아다니는 것을 가리키는 불교의 용어였다. 남에게 자신의 종교를 전파하는 '전도(傳道)' 또한 부처의 가르침을 널리 퍼뜨리는 일을 지칭했다.

가톨릭에서 순교자나 훌륭한 신도를 지칭하는 '성자(聖者)'란 말은 불교에서 번뇌를 떨치고 깨달음을 얻은 사람, 곧 부처나 보살을 이르는 말이었다. 또한 여느 종교에서 두루 '믿는 사람'을 뜻하는 '신도(信徒)'란 말은 불교에서 그 절에 다니지 않는 사람이 다른 절의 대중을 일컫는 말이었다. 개신교에서 '예수의 가르침을 받아 따르는 사람'이란 뜻으로 쓰는 '제자(弟子)'란 말은 불교에서 '부처의 가르침을 따르는 사람'을 흉내 낸 말이다. 물론 이 말은 일반 언어생활에서 '선생의 학생'이란 의미로도 널리 쓰인다. 이쯤 되면 기독교가 불교에 얼마나 많은 빚을 지고 있는지 알 수 있을 터이다.